大人的 統計學教室

$\sum\limits_{i=1}^{5} i$ $n = ?$

提升 數據分析能力的 *40* 堂基礎課

藤川浩／著

劉宸瑀、高詹燦／譯

本書刊載的資訊皆以2021年8月當時的資料為基礎，因此後續使用可能會有更動的情況。軟體的版本升級時，功能內容及操作畫面等也可能會與內文說明有落差。

　　內文中刊載的產品名稱及公司名稱皆為關聯公司的商標或註冊商標。

前言

在當今社會之中，不管工作內容是行政類或者技術類，都經常需要運用統計處理目標數據以獲得結論。而大學生做實驗或調查時，也會遇到同樣的狀況。在取得數據的統計處理上，多半會用試算表軟體或統計分析程式來進行。不過，在使用這些軟體時，自然而然也會心生各種疑問，像是「該用什麼樣的思路來處理統計資料？」、「實際處理統計資料時，哪一種方法才真的正確？」或是「該如何解讀與判斷分析出來的結果才對？」等等。在這種狀況下，有無對統計學的理解能力將產生極大的影響。

本書僅用四則運算來解釋統計學的基礎，因此無須具備數學或統計學的特殊知識亦能讀懂。書中內容淺顯平易，主要以統計學基礎為中心，同時也會說明至今為止的傳統統計學知識。另一方面，本書亦會在後半部分介紹現今資料處理上經常用到的迴歸分析及貝氏統計學。

統計分析是運用中目標資料中所獲得的平均數、標準差等數據進行的。但在做統計分析時，也必須去考量目標資料的原始分布。在本書中，我們將在思考這些分配的同時加以解說。

本書內含許多例題與測驗，也就是說，讀者可以藉由大量解決簡易題目來掌握統計分析的基本能力。不管閱讀多少出色的統計學解說書，若無法正確解開問題，就做不了實際的統計分析。

另外，本書採用大多數人使用的Microsoft Excel來做說明，必要的Excel檔案皆可自行下載（請掃描QR碼或輸入下載網址，密碼為P74第6行英文（皆小寫））。這些檔案會以Ex6-1 z test的方式標示在內文的相應段落中。

【https://bit.ly/3tFHjWc】

附帶一提，本書是參考以下書籍編寫的（日文書名皆暫譯）：

薩摩順吉　1989《理工系的第七堂數學入門課：機率與統計》岩波書店

Lipschutz, S. and Lioson, M.　2007《Discrete Mathematics. 3rd ed.》McGraw-Hill.

涌井良幸、涌井貞美　2010《了解統計分析》技術評論社

涌井良幸、涌井貞美　2016《實際掌握貝氏統計學》技術評論社

藤川浩、小泉和之　2016《專為生物系學生撰寫的基礎簡易統計學》講談社

藤川浩　2019《實用食品安全統計學》NTS

目　次

第 1 章

資料的處理方式

　　我們出於各式各樣的目的進行調查、實驗與驗證，從中取得數據資料，並分析這些資料以導出結論。在現代社會上，許多領域都要像這樣基於數據分析的論證來下結論。統計學就是分析這些數據的研究領域。隨著電腦的發展，人們變得可以蒐集到大量的數據，還能立刻解析其內容，在如今的時代，統計學對我們來說已然成為一項必備技能，這與技術職、行政職，亦或是文組或理組無關。此外，統計學本身也日益進化，除了經典的比較試驗以外，這門知識還被用於各式各種的估計與預測上。

1. 資料的種類

　　資料大致可分為定性數據和定量數據兩種。定性數據可將資料歸納成兩組或兩組以上的分類，例如檢測一個樣本的結果為陽性或陰性。定量數據則表示單一數值的大小，像是某所國中的學生體重等等。如果再進一步以某項基準——即尺度——來歸類，還能將定性數據分成名目尺度與順序尺度，定量數據分為區間尺度和比例尺度。這4種尺度的定義如下：

⑴名目尺度

　　名目尺度單純是賦予數據一個名義上的數值。比如男性是1，女性為2，此類套用數字編碼的情況正適合這種類型。數量本身只有做記號的意義。

⑵順序尺度

　　順序尺度則是有次序差異的尺度，例如用在合唱比賽裡賦予表演者第1名、第2名與第3名等數值的場合。此處有表示第1名優於第2名等順序、名次的意思。

⑶區間尺度

區間尺度有次序差異,而且數字之間的間隔也有意義。像溫度就是一種區間尺度。在溫度上,10℃到20℃的間距與60℃到70℃的間距都同樣僅代表10℃而已。一般不太會說「溫度上升10%」之類的話。

⑷比例尺度

比例尺度比區間尺度更進一步,擁有一個其值為0的原點。譬如體重就是一種比例尺度,其數值的差異和比例均有意義。在某名學生的體重從40kg增加10kg,變成50kg時,也同樣代表他的體重增加了25%。

不過,要是將定量數據以一定標準一分為二,這些資料就會變成一種定性數據。舉例來說,有時檢驗樣本後,會認定其測量值超過標準值時為陽性,低於標準值則是陰性。

例題1

　　請問下面標示底線的數字裡頭,哪些是定量數據?
在某所高中的1年級班際籃球對抗賽上,2班贏得了勝利,該班級的得分是86分。

解答　定量數據為86。此外,1跟2屬於順序尺度,86則是區間尺度。

測驗1

　　請問下面標示底線的數字中,哪些是定量數據?
某所小學3年1班的A同學,他的學號是14號,英文科的偏差值為78.2,名列整個年級的第3名。

另一方面,我們手中的數據若是在實驗中獲得,此數據就代表該測試條件下的結果;假設是在調查中取得,則代表該調查當下的結果。倘若再做一次實驗或調查,有可能會得到與上一次相差甚遠的結果。需要多加注意的是,在這層意義上,所有獲取的數據都具備「附帶條件」。雖說如此,利用正確的統計方法分析那些透過適當手段取得的資料,其結果具有足夠的可靠度,這一點仍是無庸置疑的。

2. 敘述統計學與推論統計學

統計學可以分成兩大類：敘述統計學與推論統計學。敘述統計學是一種直接運用從目標群體身上獲得的數據分析該群體的統計學。推論統計學則認為手上的資料是該群體的一部分，應該從這些數據中推測該群體原本的性質。雖然推論統計學可以得到更有意義的結論，但在此之前，我們必須先弄清楚敘述統計學的原理。本章會說明敘述統計學的一些相關內容。

3. 次數分配與直方圖

把在實驗或調查中取得的資料整理起來並圖表化後，就能將該數據的整體特徵看得更清楚。次數分配表跟直方圖便是為此而生的手段。

在次數分配表上，我們會先按照資料本身的數值，將其分成多個均等的間距。然後再把資料裡的數值套入各個間距中，加以計算並製作成表。這些間距稱為組，而套入各組之中的數據值則稱為次數。各組的代表值稱為組值，組值一般都是指這段間距的中間值。間距（也就是分組）的範圍愈小，組別的數量就愈多，因此必須設定一個方便解釋整體數據的適當組距。

舉個例子，我們將A班16名學生的體重（kg）數據 {35.2, 38.6, 40.2, 38.5, 38.6, 35.9, 36.2, 36.7, 42.2, 40.6, 39.1, 44.7, 42.4, 39.7, 32.4, 35.2} 做成次數分配表 表1（本書所使用的檔案皆可以依照P3的說明方式下載使用，這次的數據在該資料夾內的檔案Ex-1 weights 裡）。

次數分配表上的累積次數是從最小的組別開始往上累加各組次數的和。最後這項數值將成為所有次數的總和。另外，相對次數則是將所有次數的總和除以各組次數的值。比如說，表1中「40以上，未滿42」這組的次數是2，因此所有次數的總和16除以該組次數後，得知其相對次數為 $2/16＝0.125$。將上述數值加起來的值稱為累積相對次數。像表1的組別「36以上，未滿38」，其累積相對次數是 $0.0625＋0.1875＋0.125＝0.375$。最後的累積相對次數是所有相對次數的總和，因此總計為「1」。此外，雖說經由次數分配表可以了解該組的次數，但個別的數據

表1　A班學生體重的次數分配表

組別	組值	次數	累積次數	相對次數	累積相對次數
30以上，未滿32	31	0	0	0	0
32以上，未滿34	33	1	1	0.0625	0.0625
34以上，未滿36	35	3	4	0.1875	0.25
36以上，未滿38	37	2	6	0.125	0.375
38以上，未滿40	39	5	11	0.3125	0.6875
40以上，未滿42	41	2	13	0.125	0.8125
42以上，未滿44	43	2	15	0.125	0.9375
44以上，未滿46	45	1	16	0.0625	1

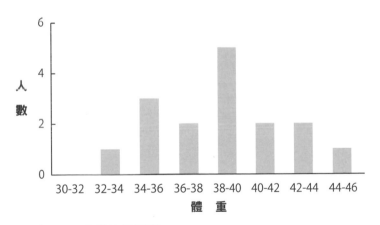

圖1　直方圖：A班學生的體重

（這邊指單一學生的體重）卻不會顯示出來。

　　將次數分配表的各組次數畫成長條圖之後，就成了直方圖（Histogram）。意即橫軸是組別，縱軸則是其次數。透過直方圖，資料的分布狀況就會變得更加直覺易懂。圖1是用表1做成的直方圖範例。一眼即知學生體重的分配幾乎呈現山型。在統計分析的執行上，明白資料的分布情況是非常重要的一點，這部分我們後面會提到。

假設隨機挑選某市的居民 9 人，並調查他們的年收入（單位：萬圓），結果如下方。請用這些數據製作一份次數分配表，再畫出它的直方圖。

789, 344, 604, 499, 1960, 418, 1033, 851, 890

除此之外，也有些統計學不會去考量資料的分配。像是分布狀況無法套用在任何分配規律上時。在此類情況下，我們會按大小排列數據，並依序進行分析。這種做法稱為無母數統計學，不過本書不會討論這個部分，所以想深入了解的話，還請參考其他相關書籍。

4. 資料的代表值

所得資料的分配特徵可用好幾個代表值來表示。常用的代表值有平均數（值）、中位數和眾數。

4.1. 平均數

最常被用到的數據代表值是我們平常也時不時會用的平均數（Average）。在拿到 n 個數據 x_1、x_2、x_3、……、x_n 時，其平均數如公式(1)所示，是所有資料值的總和再除以資料個數的值。

$$\overline{x} = \frac{x_1 + x_2 + \cdots + x_n}{n} = \frac{1}{n}\sum_{i=1}^{n} x_i \tag{1}$$

這裡的平均數 $\overline{x}$ 讀作「x bar」，而 Σ（sigma）則表示其總和。i 代表自然數，其值會從 1、2、……變化至 n 不等。還有每次累加 x_i，即是將 x_1、x_2、x_3、……累加到 x_n。

比如用上述 A 班學生的體重套入公式(1)後，$(35.2 + 38.6 + \cdots + 35.2) \div 16$，四捨五入取到小數點後第 1 位得出其平均數為 38.5（kg）。

然而偶爾會在資料中拿到與其他數值相比極高（或極低）的數據，也就是「離群值」。平均數裡要是有離群值便會大大受到影響，因此必須多加留意。

實際運用Σ的計算方法如下：

$$\sum_{i=1}^{5} i = 1+2+3+4+5 = 15$$

在上述案例，因為i取的是1到5的整數，所以便把各項數值直接加在一起。

$$\sum_{i=2}^{5} i = 2+3+4+5 = 14$$

此例的i值則從2開始取到5。

$$\sum_{i=1}^{4} i^2 = 1^2+2^2+3^2+4^2 = 1+4+9+16 = 30$$

這個例子的i值取的是從1到4的整數，並按順序將其平方值相加。

另一方面，單純計算常數時如下所示：

$$\sum_{i=1}^{5} a = a+a+a+a+a = 5a$$

換言之，算式中的項不包含i時，只需考慮常數a，並將其按i的順序逐一相加。

還有，在常數跟i以和的形式呈現時，分開計算它們的數值會比較容易一點。

$$\sum_{i=1}^{3}(a+i) = \sum_{i=1}^{3} a + \sum_{i=1}^{3} i = (a+a+a)+(1+2+3) = 3a+6$$

倘若常數與i以積的形式呈現，就要照順序來計算這兩者：

$$\sum_{i=1}^{3} ai = 1a+2a+3a = 6a$$

請試算下列問題，注意：b是一個常數。

1. $\displaystyle\sum_{i=2}^{6} i$ 2. $\displaystyle\sum_{i=2}^{4} i^2$ 3. $\displaystyle\sum_{i=1}^{5} 2$

4. $\displaystyle\sum_{i=1}^{4} bi$ 5. $\displaystyle\sum_{i=1}^{8} b$ 6. $\displaystyle\sum_{i=1}^{4} (b+i)$

■ 參考 ■ 移動平均

　　股價、氣溫等數據每時、每刻、每天都會隨時間而變化，有的時候追蹤個別數值會讓整體趨勢（Trend）更難捉摸。此時查看資料的移動平均（Moving average）可以更好理解狀況。移動平均是該資料最近的連續數據平均數。舉例來說，日本自2020年開始公布國內新冠肺炎的確診人數，我們取上述確診人數在最近7日內的平均數，並依序更新畫成圖表，即圖2。透過移動平均線，確診人數的變化趨勢不再受到每天變動的數值影響，顯得更清楚易懂。移動平均被人們活用在股價及匯率等分析上。計算移動平均的週期會依目標對象的特質而有所不同，比方說，股價有50日均線和75日均線等差異。

　　另外，有時也得先對每一個數據加權（權重）計算，再繪製成移動平均。舉個例子，有種方法是每一次都把第一個值乘以0.7，第二個值乘以0.8，第三個值乘以0.9、……像這樣相乘（加權計算）後再算出移動平均。

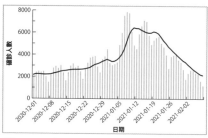

圖2　日本國內新冠肺炎確診人數的變化
　　（2020年12月1日–2021年2月8日）

長條圖顯示當日確診人數，折線圖則代表移動平均。
取自NHK：https://www3.nhk.or.jp/news/special/coronavirus/data-all/

4.2. 中位數

中位數（Median）指的是在每組數據按大小順序排列時落在中間的數值。資料量是奇數時可直接得出中位數。舉例來說，在5個數值的情況下，從最小值（或最大值也行）開始算，其第3個數值即為中位數。譬如資料是{12, 13, 17, 19, 22}，那麼中位數便是17。

另一方面，若資料是偶數，則將中間2個數值的平均當作中位數。另外，由於中位數是按其定義用順序決定，所以不太會受到離群值的影響。

若用先前的A班學生體重範例計算中位數，則將數據由小到大排列如下：{32.4, 35.2, 35.2, 35.9, 36.2, 36.7, 38.5, <u>38.6</u>, <u>38.6</u>, 39.1, 39.7, 40.2, 40.6, 42.2, 42.4, 44.7}。因為總共有16項數據（偶數），所以把這些數據一分為二後，第8與第9個數值（標底線處）的平均即為中位數；由於這兩個數值都是38.6，所以平均後也一樣是38.6（kg）。

測驗4

請計算出下列數據的中位數。
1. {15, 34, 12, 73, 26}
2. {28, 90, 67, 11, 56, 34}

4.3. 眾數

眾數（Mode）是在所得數據中出現次數（頻率）最多的值。以A班學生的體重為例，35.2和38.6都出現了2次，其他數值只出現1次，因此眾數便是這兩個數值。眾數經常用於本書後面會提到的最大概似法和貝氏統計學上。

例題2

請計算以下數據的眾數。
{ 41, 37, 29, 41, 37, 46, 38, 35 }

解答　將數據由小到大依序排序，即{29, 35, 37, 37, 38, 41, 41, 46}。因此眾數就是出現次數最多的<u>37</u>和<u>41</u>。

　　8名學生進行考試，結果成績如下：
56、80、78、49、83、56、75、63
請算出這份數據的中位數和眾數。

Excel▶　使用Excel時，我們可以用函數＝AVERAGE()算出平均數，
＝MEDIAN()計算中位數，＝MODE.
SNGL()求得眾數。計算時在()內置入要計算
的欄位（CELL）。插入函數的方式是：選擇
想插入函數的欄位後，點擊附圖上框起來的
fx，並在跳出來的對話框中搜尋要用的函數，
選好再按「確定」。在接下來跳出的對話框裡
選擇目標數據的欄位，點選「確定」後便能插
入函數，系統會自動顯示所求數值。另外，若
要讓資料數值按升序（或降序）排列，要以某
個欄位為始，按直排（欄）或橫排（列）的方
向輸入數據，再複製貼上到其他欄位內。接下
來，指定選取這些數據的範圍後，在「常用」
索引標籤點擊「排序與篩選」，選擇「從最小
到最大排序」，即可對指定欄位範圍內的數值
進行排序。

	B	C	D	E	F
1	體重		平均數		
2	35.2		38.506		
3	38.6				
4	40.2		中位數		
5	38.5		38.55		
6	38.5				
7	35.9		眾數		
8	36.2		35.2		
9	36.7		38.5		
10	42.2				
11	40.6				
12	39.1				
13	44.7				
14	42.4				
15	39.7				
16	32.4				
17	35.2				
18					

（D2欄上方：=AVERAGE(B2:B17)）

■　參考　■　　　分位數

　　在由小到大排列數值時，位於100p％（且$0 \leq p \leq 1$）的數值稱為第
100p百分位數（Percentile）或百分位。像第2.5百分位數便是從最小
值算到2.5％節點的值。中位數則等同於第50百分位數。

　　此外，使排序資料分成4等分的分割點叫作四分位數。第1四分位
數、第2四分位數和第3四分位數分別位在由小到大25％、50％、75％的
位置。第2四分位數與中位數相等。利用四分位數、最小值與最大值表示
數據分散狀況的圖表被稱為盒鬚圖（Box plot或Box-and-whisker
plot）。

5. 資料的離勢

　　如果從一個群體裡取出大量的數據，就會獲得各式各樣的數值，這些數值散布在平均數周圍，可看出其分散度。此種分布狀況稱為離勢。樣本變異數是表現離勢的其中一項指標。

　　各數據的數值x_i與平均數$\overline{x}$的差（$x_i - \overline{x}$）稱為離差。離差可取正數、0或負數，按公式(1)的定義來看，當它們全部相加起來時其值為0。此時，若計算離差的平方，則所有數值都會變成大於0的正數，因此其總和（即離差平方和）或許能視為分散度的指標數值。不過，要是資料數量更多，離差平方和自然也會隨之擴大。所以只要把離差平方和除以資料量並取其平均數，這個數值就會成為分散度的指標。我們稱其為樣本變異數（Sample variance，S^2），並以下述公式(2)呈現。

　　此外，統計學上的變數會用「S」這樣的字母（大寫）表示。另一方面，後面將提到的一些表示母體特徵的變數則是以希臘字母呈現。

$$S^2 = \frac{(x_1 - \overline{x})^2 + (x_2 - \overline{x})^2 + \cdots + (x_n - \overline{x})^2}{n} = \frac{1}{n}\sum_{i=1}^{n}(x_i - \overline{x})^2 \quad (2)$$

　　在這個算式裡，若變異數的分母不是n，而是$n-1$的話，該變異數就叫作不偏樣本變異數（Unbiased sample variance），本書中則以公式(3)的U^2來表示。此外，由於有的書籍會把分母是$n-1$的變異數稱為樣本變異數，所以遇到時還請多多留意。

$$U^2 = \frac{1}{n-1}\sum_{i=1}^{n}(x_i - \overline{x})^2 \tag{3}$$

　　樣本變異數的單位是測量單位的平方，因此像長度cm的樣本變異數便是cm^2。是故若取樣本變異數的正平方根S，其值便與測量值的單位相等，處理起來也就更加容易。這項數值名叫樣本標準差，而不偏樣本變異數的正平分根則稱作不偏樣本標準差。

　　以前述A班學生的體重為例，其離差平方和是用平均數與個別數據計算得知，取其平均數後可以藉由$[(35.2 - 38.5)^2 + (38.6 - 38.5)^2 + \cdots + (35.2 - 38.5)^2]/16$，四捨五入取到小數點後第2位算出樣本變異數9.42。用同樣的方式可求得其不偏樣本變異數是10.0。另外，正如本書後面所提到的，統計檢定會使用不偏樣本變異數。

測驗6

請運用下面6名學生的身高（cm）計算樣本變異數、不偏樣本變異數、樣本標準差及不偏樣本標準差。這些數據也可以透過下載檔案 Ex-1 height取得。
145, 127, 156, 134, 139, 131

6. 相關

讓我們來思考一下這種狀況：從某個群體中取出的數據擁有多個測量項目（視其為變數）。

比方說，假設現在有一個班級學生的國文和數學考試成績。在這個例子中，這些項目之間的關係指的是顯示國文與數學成績大小關聯的相關（Correlation）性。不過這裡的2個變數彼此對等，因此不必考慮其中一方與另一方的從屬關係。這跟用從屬變數推量另一個變數值的迴歸分析不太一樣，所以請多加注意。

假使數據本身帶有的變數是x及y，那在平面上繪製點（x, y）的圖表便是相關圖。藉由相關圖，我們可以從視覺上直接判斷兩者之間的關係。舉例而言，若將某所國中班上10名學生的英文與數學成績分別設為x和y，則可製成相關圖如下：

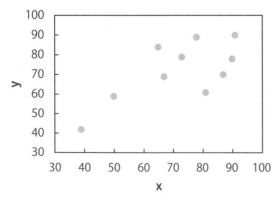

圖3　學生的英文x與數學y成績：正相關

透過這張圖表，我們可以看到英文成績比較高的學生，其數學成績往往也較高，這種現象稱為正相關。另一方面，當相關圖如圖4般分散時，就看不出兩科分數之間的相關關係，可判斷雙方不具相關性。

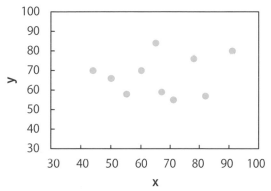

圖4　學生的英文x與數學y成績：零相關

另外，假如相關圖呈現圖5的狀況，便能發現學生有英文成績愈高、數學成績愈低的傾向。這種情況稱為負相關。

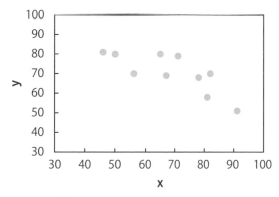

圖5　學生的英文x與數學y成績：負相關

綜上所述，若2個變數之間存在線性關係，就表示兩者之間存在相關性。另一方面，即使同樣是正相關，但下一頁的圖6跟圖3比起來，點的分布更近似一條直線。

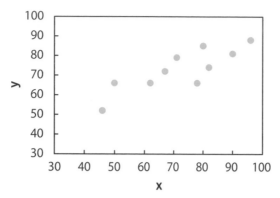

圖6　學生的英文 x 與數學 y 成績：高度相關

　　這種線性且呈現強烈相關性的指標，即作為統計量的樣本相關係數（Sample correlation coefficient）會以下列算式表示：

$$r = \frac{S_{xy}}{S_x S_y}$$

這裡的各項變數如下：

$$S_{xy} = \frac{1}{n} \sum_{i=1}^{n} (x_i - \overline{x})(y_i - \overline{y})$$

$$S_x = \sqrt{\frac{1}{n} \sum_{i=1}^{n} (x_i - \overline{x})^2}$$

$$S_y = \sqrt{\frac{1}{n} \sum_{i=1}^{n} (y_i - \overline{y})^2}$$

S_{xy} 也被稱作樣本共變異數。

　　經由這個樣本相關係數，可顯示出2個變數之間的相關關係。不管是面對什麼樣的數據，r 都只會取 -1 以上、1以下的值，若其值為正數則正相關，負數即是負相關。

　　實際用上述相關圖計算相關係數的話，圖3的 r 等於0.700，圖4則是0.160，圖5為 -0.780，圖6是0.841（此份資料在檔案Ex-1 corr裡）。如上所述，相關愈高，係數的數值就愈接近1或 -1；相關愈低，其值便愈趨近於0。一般來說，若 $-0.2 < r < 0.2$，就會被認定雙方

之間不存在相關關係。

　　不過相關僅單純表明2個變數的大小關係，所以並不會顯示出兩者之間的因果關係。比方說，就算像前面圖6那樣呈現雙方高度相關，也無法得出「認真讀英文提高成績，會導致數學成績提高」的結論。

　　附帶一提，因為實際從2組數據求樣本相關係數的計算很複雜，所以運用Excel這類統計軟體來算更方便。

Excel ▶　可用＝CORREL()計算樣本相關係數（Ex-1 corr）。

測驗7

請依照下面10名學生的英文與數學考試成績計算樣本相關係數。這些數據亦可透過下載檔案Ex-1 marks取得。

英文	57	89	79	71	81	66	82	64	87	87
數學	56	69	78	83	75	65	79	64	92	79

什麼是機率？

　　統計學——尤其是作為現代統計學核心的推論統計學——是以機率為基礎建立的。一般我們所理解的機率是「擲出一枚沒動過手腳的硬幣，出現正面的機率是1／2」，但在統計學上，我們需要更深入地了解它。

1. 集合

1.1. 集合與元素

　　就像後面所提到的，機率會以符合條件的方法數為基礎來考量，因此為了弄懂方法數，在此我們先解釋一下集合的定義。集合（Set）指的是滿足一定條件的群體，像在實驗或調查中所獲得的資料也可以被視為一個集合。組成該集合的成分稱為元素（Element）。

　　例如，將骰子骰出偶數點的集合設為 A，便能將其記為下列算式：

$$A = \{\, x \mid x \text{是骰子的偶數點} \,\}$$

　　該算式的右側被一條垂直直線隔開，是在利用直線的右側文字說明左側的元素內容。這個集合的元素是2、4、6，因此A可具體表示如下：

$$A = \{\, 2, 4, 6 \,\}$$

　　類似集合A這種元素數量有限的集合，稱為有限集合。

　　另一方面，元素數量無限的集合稱為無限集合。比如說，把所有的正偶數視為集合B，則集合B可用下列兩種方式呈現：

$$B = \{\, 2, 4, 6, 8, \cdots \,\}$$

$$B = \{\, x \mid x \text{為正偶數} \,\}$$

由於集合 B 的元素數量無限，所以是無限集合。

對照集合 A 與 B 後，會發現 A 的每一個元素都屬於 B，因此我們會說 A 是 B 的子集合（Subset）。以數學符號表示的話，即為：

$$A \subseteq B$$

再者，當集合 A 跟 B 同此例一樣不相等時，可稱 A 為 B 的真子集，寫作：

$$A \subset B$$

以圖1的方式表達多個集合的包含關係清楚易懂，這種圖表名為文氏圖（Venn diagram）。在思考 C 與 D 兩個集合的關係時，若如圖1a所示，雙方都有從屬於對方的元素的話，那由其交錯元素所組成的集合稱為交集（Intersection），記為下列式子：

$$C \cap D$$

這讀作「C 與 D 的交集」或「C cap D」。圖1b是 C 跟 D 沒有交集時的情況。除此之外，由屬於 C 與 D 任一元素組成的集合表示如下：

$$C \cup D$$

這讀作「C 與 D 的聯集」或「C cup D」。

在考量一個集合 U 時，這個集合 U 整體通稱宇集（Universe）。如圖1c所示，當集合 U 裡面有子集合 A 時，集合 U 中不屬於 A 的其餘元素所組成的集合稱為補集（Complementary set），記為 A_c。假設宇集 U 是某間學校的全體學生，其中男學生的集合設為 A，則補集 A_c 是女學生。

另外，有時也會遇到不得不定義一個不含任何元素的集合的情況。這種集合稱為空集（Null set），以符號 ϕ 表示。

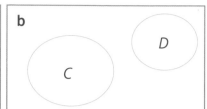

圖1　文氏圖

例題1

　　假設N是自然數的集合N{1，2，3,…}，請列出下列集合的所有元素。∈表示其為N的元素，odd則代表奇數。

1.　$A = \{ x \in N \,|\, 3 < x < 14 \}$
2.　$B = \{ x \in N \,|\, x \text{ is odd}, x < 13 \}$

解答　$A = \{ 4, 5, 6, 7, 8, 9, 10, 11, 12, 13 \}$
　　　$B = \{ 1, 3, 5, 7, 9, 11 \}$

例題2

　　假設U={1，2，3,…, 11}是一個宇集，此時有兩個集合如下：
$A = \{ 1, 2, 3, 4, 5 \}$、$B = \{ 4, 5, 6, 7, 9 \}$
請求出下述集合。
1.　$A \cap B$　2.　$A \cup B$　3.　A_c

解答　1.　$A \cap B = \{ 4, 5 \}$
　　　2.　$A \cup B = \{ 1, 2, 3, 4, 5, 6, 7, 9 \}$
　　　3.　$A_c = \{ 6, 7, 8, 9, 10, 11 \}$

測驗1

假設N是自然數的集合N{1，2，3,…}，請列出下述集合的所有元素。∈表示其為N的元素，even則代表偶數。

1. $A = \{x \in N \mid 2 < x < 10\}$
2. $B = \{x \in N \mid x \text{ is even}, x < 12\}$
3. $C = A \cup B$
4. $D = A \cap B$

測驗2

假設U={1, 2, 3,…, 12}是一個字集，此時有兩個集合如下：
A={2, 3, 4, 5, 7}、B={4, 5, 6, 7, 9}
請求出下述集合：

1. $A \cap B$　2.　$A \cup B$　3.　A_c

1.2. 元素個數

將一個有限集合 G 的元素個數設為 $n(G)$。如果把骰子的所有點數視為集合 G，則 G 的元素有1到6點共6個，故 $n(G) = 6$。另外，無限集合的元素個數如前述般為無限多，而空集不含任何元素，因此 $n(\phi) = 0$。

C 和 D 這兩個有限集合的元素個數之間具有以下關聯：

$$n(C \cup D) = n(C) + n(D) - n(C \cap D) \tag{1}$$

讓我們從兩個集合是否有交集這一點來思考一下公式(1)。首先，當集合 C 與集合 D 之間如圖1a所示般有交集時，若直接將 $n(C)$ 與 $n(D)$ 相加，則交集處 $n(C \cap D)$ 會被重複計算，因此要像公式(1)一樣減掉這個部分。在圖1b中，因為交集是一個空集，所以 $n(C \cap D) = 0$，公式(1)右側的算式只需將 $n(C)$ 加上 $n(D)$ 即可。

除此之外，圖1c的字集 U、集合 A 跟補集 A_c 的各元素數量之間存在以下等式關係：

$$n(U) = n(A) + n(A_c) \tag{2}$$

設U為宇集，計算其子集合A、B。各元素的數量為 $n(U)=90$、$n(A_c)=50$、$n(A \cap B_c)=20$、$n(A \cup B)=60$。

試求$n(A)$、$n(B)$及$n(A \cap B)$。

解答　此題透過下面的文氏圖及公式(1)和(2)來計算：

$n(A)=n(U)-n(A_c)=90-50=40$，

$n(A \cap B)=n(A)-n(A \cap B_c)=40-20=20$，

套用公式(1)，得$n(B)=n(A \cap B)+n(A \cup B)-n(A)$

$=20+60-40=40$

另解　$n(B)=n(A \cup B)-n(A \cap B_c)=60-20=40$

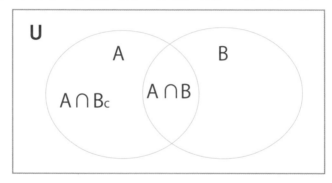

測驗3

設U為宇集，計算其子集合A、B。各元素的數量為$n(U)=100$、$n(B_c)=40$、$n(A_c \cap B)=20$、$n(A \cup B)=70$。
試求$n(A)$、$n(B)$及$n(A \cap B)$。

2. 排列

舉例來說，從分別註記A、B、C、D、E、F的6張卡片裡任意取出4張卡，並按照順序排列卡片，這就是「排列」。不過4張卡片的排序是{A, B, E, F}跟{A, E, B, F}時需分別計算。如上所述，從多個

（n 個）不同元素所組成的群體中任意取出一定數量（r 個）元素，並為取出的元素排序的行為，就稱為排列（Permutation）。不過要注意 $r \leq n$。

在6張卡的例子中，第1張卡有6種選擇，第2張有5種，第3張有4種，第4張則有3種。也就是說，在排列時，最初的第1個元素有 n 種選項，第2個則是剩下的 $n-1$ 種，第3個同樣是剩下的 $n-2$ 種選擇，最後第 r 張卡片的選項則有 $n-(r-1)$ 種。因為卡片範例是取4張卡，因此第4張即為 $6-(4-1)=3$ 種選擇。此時排列方法的總數是這 r 種選擇方式的乘積，可寫作 $_nP_r$。以卡片範例來說，$_6P_4 = 6 \times 5 \times 4 \times 3 = 360$。$_nP_r$ 能藉由下列公式(3)表示：

$$_nP_r = n(n-1)(n-2) \cdots \{n-(r-1)\} \tag{3}$$

另一方面，排列數 $_nP_r$ 亦可以下方公式(4)呈現：

$$_nP_r = n(n-1)(n-2) \cdots \{n-(r-1)\} = \frac{n!}{(n-r)!} \tag{4}$$

此處的「!」代表階乘。階乘如下所述，是連續的自然數乘積。譬如，$4! = 4 \times 3 \times 2 \times 1$；但0的階乘 $0!$ 必為1。

以上述的卡片題為例，代入公式(4)得出排列數是 $6!/(6-4)!$ $= 6!/2!$，將分子分母約分後，答案為 $6 \times 5 \times 4 \times 3 = 360$ 種排列數。

測驗4

　　請試算下列問題。
　　1.　$5!$
　　2.　$3! \times 3!$
　　3.　$5!/3!$
　　4.　$7!/10!$

測驗5

　　請試算下列問題。
　　1.　$_8P_3$
　　2.　$_7P_2$
　　3.　$_7P_5$

假設 8 名選手進行 1500 公尺賽跑，在他們抵達終點定下第 1 名、第 2 名及第 3 名的順序時，第 1 到第 3 名的結果共有幾種可能？

解答　$_8P_3 = 8! / 5! = 8 \times 7 \times 6 = 336$（種）

在有 12 名表演者的音樂比賽上決定第 1 名至第 3 名的順序時，其結果共有幾種可能？

3. 組合

前面提到從註記 A、B、C、D、E、F 的 6 張卡片中任意取出 4 張排列，如果將不同順序的結果，像 {A, B, E, F} 跟 {A, E, B, F} 這兩種情況視為同一組結果時，便稱為組合（Combination）。換言之，組合指的是從多個不同元素所組成的群體裡任意取出一定數量的元素。跟排列不同，組合並不考慮取出的元素排序。

自 n 個相異元素內任意取 r 個元素時的組合數寫作 $_nC_r$，$_nC_r$ 可透過下列算式表示：

$$_nC_r = \frac{_nP_r}{r!} = \frac{n!}{(n-r)!r!} \tag{5}$$

也就是說，因為取 r 個元素排列的方法有 $r!$ 種，所以進一步將 $_nP_r$ 除以 $r!$ 的值即為 $_nC_r$。

是故前述從 6 張卡片中取 4 張的組合共有 $_6C_4$ 種。套用公式計算後，得知其答案是 $\frac{6!}{(6-4)!4!} = \frac{6!}{2!4!} = \frac{6 \times 5}{2 \times 1} = 15$ 種。同理，從 13 張黑桃撲克牌中隨機取出 3 張牌時，這 3 張牌的組合共有 $_{13}C_3$ 種。試算後得到答案為 $\frac{13!}{(13-3)!3!} = \frac{13!}{10!3!} = \frac{13 \times 12 \times 11}{3 \times 2 \times 1} = 286$ 種。

此外，「從 13 張黑桃撲克牌裡取出 3 張的組合數」與「從 13 張牌中拿掉 10 張牌所剩下的卡牌組合數」一樣。也就是說，從 n 個不同元素內

任意取出 r 個元素的結果等同於從 n 個元素裡取出 $n-r$ 個後殘留的結果，因此下方等式得以成立。

$$_n C_r = {_n C_{n-r}} \tag{6}$$

組合在統計學上經常用到。附帶一提，$_n C_r$ 偶爾會使用 $\binom{n}{r}$ 來表示，台灣則一般會用 C_r^n 表示。

測驗7

請試算下列問題。
1. $_8 C_3$
2. $_7 C_2$
3. $\binom{7}{5}$

例題5

假使要從某個有40名學生的班級裡隨機選出2位班長，共有幾種選擇？

解答　由於是從40人裡隨機選出2人的組合，所以是 $_{40} C_2$ 種。因此可知答案為：

$$_{40} C_2 = \frac{40!}{38!\,2!} = 40 \times \frac{39}{2}$$

$$= 780 \text{種}$$

測驗8

假設從20位大學生中選出3名兼職學生，則有幾種組合方式？

　　某個共30名學生的班級內，有男生16人，女生14人。若要挑出由2名男生跟2名女生組成的委員會，則其組合有幾種可能？

解答　此題所求組合數是「從16名男生裡選2人的方法$_{16}C_2$種」與「從14名女生裡選2人的方法$_{14}C_2$種」的乘積。因此其組合共有$_{16}C_2 \times _{14}C_2 = 16!/(14!\,2!) \times 14!/(12!\,2!) = 16 \times 15 \times 14 \times 13/(2 \times 2) = 10920$種。

　　之後也會經常出現這種把各組組合彼此相乘的做法，還請多多留意。

　　假設從裝有6顆紅球、4顆黃球的箱子裡隨機抽出5顆球。試求此時抽出4顆紅球和1顆黃球的組合共有多少種？

4. 機率

4.1. 機率的定義

　　在實驗、調查與檢驗中獲取數據資料的舉動稱為試驗（Trial），透過這些試驗所得到的結果（Outcome）就稱為事件（或稱現象、Event）。可能因試驗而產生的單一元素稱為基本事件（Elementary event）。例如，擲骰子一次並查看骰出點數的試驗，其基本事件即為1、2、3、4、5、6這6個結果。此外，所有基本事件的集合稱為樣本空間（Sample space）。以上述骰子為例，其樣本空間$S = \{1, 2, 3, 4, 5, 6\}$，同時這個樣本空間的大小$n(S)$是6。

　　接下來，如果擲出2次骰子，並將其擲出結果的組合看作一個基本事件，便能用表1來表示。此例的樣本大小$n(S)$為$6 \times 6 = 36$。這張表之後也會用到，所以還請先充分了解。

表1 擲2次骰子時的骰點總數

	1	2	3	4	5	6
1	{ 1,1 }	{ 1,2 }	{ 1,3 }	{ 1,4 }	{ 1,5 }	{ 1,6 }
2	{ 2,1 }	{ 2,2 }	{ 2,3 }	{ 2,4 }	{ 2,5 }	{ 2,6 }
3	{ 3,1 }	{ 3,2 }	{ 3,3 }	{ 3,4 }	{ 3,5 }	{ 3,6 }
4	{ 4,1 }	{ 4,2 }	{ 4,3 }	{ 4,4 }	{ 4,5 }	{ 4,6 }
5	{ 5,1 }	{ 5,2 }	{ 5,3 }	{ 5,4 }	{ 5,5 }	{ 5,6 }
6	{ 6,1 }	{ 6,2 }	{ 6,3 }	{ 6,4 }	{ 6,5 }	{ 6,6 }

第1次擲出的骰數以縱向行表示，第2次擲出的骰數則以橫向列呈現，第1次跟第2次擲出的點數組合寫作{1,2}。

另外，如果把抽掉鬼牌的撲克牌當作樣本空間 S，則4種花樣各自都有1到10的數字牌及3張畫著人頭的紙牌（騎士J、皇后Q、國王K），共計13張。其樣本空間的大小，也就是元素個數 $n(S)$ 為 $4 \times 13 = 52$。

綜上所述，在樣本空間中發生事件時，該事件發生的可能性就稱為機率（Probability）。此時除非另外提出，否則所有元素發生的機率皆視為相等。比如認為拋擲1次骰子，擲出1到6點的機率全部均等。是故，人們將這種骰子稱為沒有偏差的公正（fair）骰子。

在樣本空間 S 裡，單一事件（現象）A 發生的機率 $P(A)$ 可用下方公式呈現：

$$P(A) = \frac{n(A)}{n(S)} \tag{7}$$

此處的 $n(S)$ 是 S 的元素個數，$n(A)$ 則表示 A 的元素個數。假設擲一次骰子獲得奇數點1、3、5的機率 $P(A)$ 的 $n(S) = 6$，$n(A) = 3$，則 $P(A) = 3/6 = 1/2$。因為預設每個元素發生的機率均等，所以機率 $P(A)$ 才能用元素個數 $n(A)$ 來表示。

公式(7)是一個計算機率的基本算式。與擲骰示例同理，從一組撲克牌裡隨機抽出1張牌時，因為紅心牌一共有13張，所以抽出紅心的機率 $P(B)$ 的 $n(S) = 52$，$n(B) = 13$，代入公式(7)後得到 $P(B) = 13/52 = 1/4$。

第2章 什麼是機率？

這是一種基於關注事件頻率（Frequency）而建立的概念。譬如這種概念認為，當多次擲出沒有偏差的骰子時，骰出3點的次數是所有骰數的部分結果，而且擲骰總次數愈多，這個比例就愈趨近於一個定值，也就是它的真實機率。再進一步推斷這個機率等同於擲骰一次時出現3點的機率。這種機率概念又稱頻率論，至今為止的統計學都是基於頻率論所發展起來的。本書接下來也會沿用這種概念來說明。不過，後面談到的貝氏統計學跟這種概念的思考方向不太一樣，所以還請特別注意這一點。

例題7

試求擲出公正骰子A與B時的點數和為5的事件C發生機率 $P(C)$ 為何？

解答　骰子A擲出的點數有6種，骰子B也有6種，因此基本事件（即所有元素個數）等於36。另一方面，A與B骰數和為5的事件如 表1 所示，有{1，4}、{2，3}、{3，2}、{4，1}共4個元素。所以可知這個事件的發生機率是 $P(C) = 4/36 = 1/9$。

測驗10

試求擲出公正骰子A與B時，其點數和為10以上的事件D發生機率 $P(D)$ 為何？

測驗11

假設拋擲3次公正硬幣，
1. 試求總共只出現1次反面的機率。
2. 試求出現1次以上反面的機率。

例題8

　　假設從裝有6顆紅球、4顆黃球的箱子裡隨機抽出5顆球。請問此時抽出4顆紅球和1顆黃球的組合共有多少種？

解答　這是測驗9出過的問題。目標結果的組合數$n(A)$是紅球$_6C_4$與黃球$_4C_1$彼此相乘的乘積。另一方面，由於是從10顆球中取5顆，因此所有組合的總數$n(S)$是$_{10}C_5$。故其機率如下：

$$P(A) = \frac{n(A)}{n(S)} = \frac{_6C_4 \times _4C_1}{_{10}C_5} = \frac{6!}{2!4!} \times \frac{4!}{3!1!} / \frac{10!}{5!5!}$$
$$= \frac{60}{252} = \frac{5}{21}$$

測驗12

　　假設某個班級是由16名男生與14名女生所組成的，請問從中隨機挑出3名幹部時，所有成員皆為男生的機率為何？

4.2. 機率的特性

　　在考慮事件A發生機率的時候，倘若將樣本空間S當成一個宇集，並以集合的概念來理解會更加容易。在S裡面不發生A的事件not A稱為餘事件（圖2a）。一切從未發生的事件叫空事件，以符號ϕ表示。此外，發生事件A或事件B其中之一的事件稱為和事件，寫作$A \cup B$。事件A與事件B同時發生的事件名為積事件，用$A \cap B$表示（圖2b）。在圖2b上，事件A跟事件B有一部分互相重疊。如果事件A和事件B並未同時發生，也就是$A \cap B = \phi$時，代表A與B互斥（圖2c）。在這種情況下，兩個事件之間就像圖2c所示般沒有任何一處交錯。

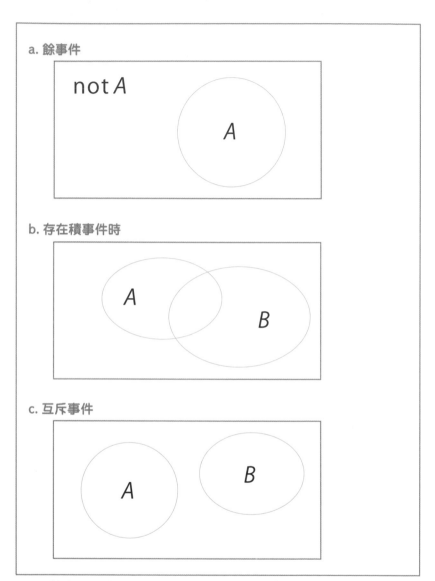

a. 餘事件

not *A*

A

b. 存在積事件時

A

B

c. 互斥事件

A

B

圖2　餘事件與積事件

例題 9

擲出 2 次公正骰子，得到骰數和為 3 點以上的事件 E，試求其發生機率 $P(E)$ 為何？提示：請運用餘事件計算。

解答　如 表1 所示，擲 2 次公正骰子得到的結果，其元素個數是 36。另一方面，計算該骰數的和為 3 點以上的事件時，需針對總和為 3、4、5、……的各個事件逐一數出其元素個數，這個過程十分費工。這時直接從計算數量較少的餘事件著手，算起來更簡潔有力。也就是說，這種狀況的餘事件是骰數和為 2 的事件。根據 表1 所示，唯獨 {1,1} 這一個元素符合上述條件。因此所求元素數量即為 36 － 1＝35，由此可知此事件的發生機率是 $P(E)$＝35/36。

測驗 13

請計算拋擲 3 次公正硬幣時，反面出現 1 次以上的機率。提示：請運用餘事件計算。

由全事件構成的樣本空間 S 與各個事件間的關係，其規則如下：

(i)　每個事件的發生機率是 0 以上，1 以下。

(ii)　樣本空間 S 的發生機率為 1。

(iii)　空集的發生機率為 0。

(iv)　互斥的事件 A 與事件 B，其和事件發生機率 $P(A \cup B)$ 等於各個事件發生機率的總和 $P(A) + P(B)$（圖 2c）。

此外，事件 A 與事件 B 的發生機率分別寫作 $P(A)$ 及 $P(B)$，一般來說，關於 A 與 B 的和事件機率，可以下述加法定理呈現：

$$P(A \cup B) = P(A) + P(B) - P(A \cap B) \tag{8}$$

若為 (iv) 所記述的互斥事件（未曾擁有共同的基本事件），則公式 (8) 會變成：

$$P(A \cup B) = P(A) + P(B) \tag{9}$$

比方說，因為擲一次骰子時，「擲出奇數點的事件」與「擲出2點的事件」互斥，所以其和事件（骰出奇數點或2點的事件）的發生機率就單純是雙方事件機率的總和，即 $3/6 + 1/6 = 4/6 = 2/3$。

例題 10

假設有一個由4項元素a_i所組成的樣本空間$S = \{a_1, a_2, a_3, a_4\}$。請問下列各元素所擁有的機率組合何者正確？

(i) $P_{a1} = 0.2$, $P_{a2} = -0.1$, $P_{a3} = 0.3$, $P_{a4} = 0.5$

(ii) $P_{a1} = 0.2$, $P_{a2} = 0.1$, $P_{a3} = 0.2$, $P_{a4} = 0.4$

(iii) $P_{a1} = 0.2$, $P_{a2} = 0$, $P_{a3} = 0.2$, $P_{a4} = 0.6$

(iv) $P_{a1} = 0.25$, $P_{a2} = 0.05$, $P_{a3} = 0.2$, $P_{a4} = 0.5$

解答　(iii)與(iv)

因為(i)的$P_{a2} < 0$，(ii)的機率總和不等於1，所以都不是正確選項。

測驗 14

假設有一個由4項元素a_i所組成的樣本空間$S = \{a_1, a_2, a_3, a_4\}$。請問下列各元素所擁有的機率組合何者正確？

(i) $P_{a1} = 0.2$, $P_{a2} = 0.1$, $P_{a3} = 0.3$, $P_{a4} = 0.5$

(ii) $P_{a1} = 0.25$, $P_{a2} = 0.1$, $P_{a3} = 0.5$, $P_{a4} = -0.25$

(iii) $P_{a1} = 0.25$, $P_{a2} = 0.15$, $P_{a3} = 0.2$, $P_{a4} = 0.4$

(iv) $P_{a1} = 0.25$, $P_{a2} = 0$, $P_{a3} = 0.2$, $P_{a4} = 0.55$

例題 11

　　某個班級的學生（共40人）選修美術跟音樂的比例各為30％和40％，兩者都選的比例則占10％。試求從此班級裡隨機挑出一名學生時，這名學生只選修美術或音樂的機率。

解答　選修美術A和音樂M的機率各為$P(A)=0.3$、$P(M)=0.4$，兩者都選的機率$P(A \cap M)$則是0.1。因此單單選修美術或音樂的機率$P(A \cup M)$，可用公式(8)計算得出$P(A \cup M)=0.3+0.4-0.1=0.6$。

測驗 15

　　一組撲克牌扣掉鬼牌共有52張，若從中隨機抽出1張牌，試求抽到下列花色的機率。1. 人頭牌（騎士、皇后、國王）　2. 方塊的人頭牌　3. 方塊牌或人頭牌

例題 12

　　某個箱子裡放了10顆糖果。其中咖啡色的糖果有4顆，白色則有6顆，但光從外觀看不出兩者的差別。試求從這10顆糖果隨機挑選3顆時，至少挑到1顆咖啡色糖果的機率。

解答　「至少x個」、「x個以上」、「x個以下」、「不到x個」……在求取這種限定在某個範圍內的機率及方法數時，大多從餘事件來算會比較簡單。在這道例題中，可從「完全沒抽到咖啡色糖果（都是白色）」的餘事件著手。計算這個事件的發生機率，再用全體總數1減去該機率。由於餘事件是抽到0顆咖啡色、3顆白色，因此其機率為$_6C_3/_{10}C_3=6!/(3! \times 3!)/[10!/(7! \times 3!)]=1/6$。代入數值後求得其機率等於$1-1/6=5/6$（或0.833）。

另解　逐一抽出糖果，且3個糖果都是白色糖果的機率是$(6/10) \times (5/9) \times (4/8)=1/6$。

此道例題並未在確認糖果顏色後再把糖果放回去。這種抽樣方式稱為不放回抽樣。另一方面，在確認糖果顏色後，將糖果放回箱子充分混合，之後再重新抽出糖果的方式稱為放回抽樣。通常在實驗或檢驗中取出過的樣品不會再放回原本的群體，所以採用的都是不放回抽樣。

例題13

試求將例題12改成放回抽樣時，至少抽到1顆咖啡色糖果的機率。

解答　我們從餘事件「3顆皆為白色」來思考。在放回抽樣時，抽到白色的機率是每次6/10=3/5，所以3顆糖果都是白色的機率為$(3/5)^3$。因此，所求機率等於$1-(3/5)^3=98/125$。

測驗16

從目前所有的資料顯示，工廠A製造的1000件產品中會有3件不合格。如果從這3000件產品中隨機抽選2件，
1. 試求全數不合格的機率。
2. 試求至少1件不合格的機率。

例題14

設有3道單選題，每道題目有4個答案選項，選項中只有1個是正確解答。若所有答案亂寫，試求至少答對1題的機率。

解答　單一題目答題正確的機率可視為1/4，因此答錯的機率是$1-1/4=3/4$。餘事件為「3題全部答錯」，其機率是$(3/4)^3$。因此所求機率為$1-(3/4)^3=37/64$。

測驗17

設有4道單選題，每道題目都有5個答案選項，選項中只有1個是正確解答。若所有答案亂寫，試求至少答對1題的機率。

4.3. 條件機率

假設有事件A與B，在發生事件A的條件下發生事件B的機率稱為條件機率（Conditional probability），以$P(B|A)$表示。括號內的直線右側註記條件，左側則表示目標事件。舉例來說，假設自家公司的產品C委託多家工廠製造，同時發現產品C的某些樣品並不合格。在這種情況下，試想該樣品由B工廠製造的機率為何？先設定$A = \{$產品不合格$\}$，$B = \{$由B工廠製造$\}$，則上述機率可寫作$P(B|A)$。

此時關於條件機率，下述定義可成立。

$$P(B|A) = \frac{P(A \cap B)}{P(A)} \tag{10}$$

另一方面，換個角度來說，也可以轉而思考產品由B工廠製造時的不合格機率。其機率可以寫成$P(A|B)$。以下定義也適用於這項條件機率：

$$P(A|B) = \frac{P(A \cap B)}{P(B)} \tag{11}$$

這2個公式共通的$P(A \cap B)$，將以下列算式表示：

$$P(A \cap B) = P(A) P(B|A) = P(B) P(A|B) \tag{12}$$

這個公式就稱為乘法定理。

某個班級裡25%的學生在物理考試上考差了，有15%學生則是考砸了化學考試。還有10%的學生兩科都考不好。此時，

1. 某位學生在化學考試上考壞了。試求這位學生物理也沒考好的機率。
2. 試求某位學生在物理或化學考試上考不好的機率。

解答　1.　該名學生物理Phy考砸的機率是$P(Phy)=0.25$，化學Che考砸的機率為$P(Che)=0.15$，物理及化學都考砸的機率則以$P(Phy \cap Che)=0.1$來表示。代入公式(10)，得到$P(Phy \cap Che)=P(Che)P(Phy|Che)$。於是所求機率應為：

$$P(Phy|Che)=\frac{P(Phy \cap Che)}{P(Che)}=\frac{0.1}{0.15}=\frac{2}{3}\approx 0.667$$

2.　根據公式(8)可知：

$$P(Phy \cup Che)=P(Phy)+P(Che)-P(Phy \cap Che)$$
$$=0.25+0.15-0.1=0.3$$

測驗18

某個班級裡75%的學生通過了物理考試，85%的學生則是通過了化學考試。還有60%的學生兩科皆過關。此時，
1. 某位學生通過了化學考試。試求這位學生物理也通過的機率。
2. 試求某位學生通過物理或化學考試的機率。

這裡考量到該事件的元素數量而建立以下算式。其中，S是包含所有元素的樣本空間。

$$P(A \cap B)=\frac{n(A \cap B)}{n(S)}$$
$$P(A)=\frac{n(A)}{n(S)}$$

因此，公式⑽可表示如下：

$$P(B|A) = \frac{n(A \cap B)}{n(A)} \tag{13}$$

例題16

當擲出2次公正骰子且點數和為6時，試求其中一次骰子點數為2的機率。

解答　設A={點數和為6}、B={其中一次點數是2}，所求機率寫作$P(B|A)$。倘若把該骰子2次拋擲的點數成對記錄，則A={(1,5),(2,4),(3,3),(4,2),(5,1)}、$A \cap B$={(2,4),(4,2)}，是故$n(A)$=5、$n(A \cap B)$=2，用上述公式計算得知$P(B|A)$=2/5。

測驗19

當擲出2次公正骰子且第1次骰出5點時，試求2次骰子點數和為10以上的機率。

4.4. 獨立事件

當公式⑿的下述關係成立時，即可稱A與B各自獨立：

$$P(B|A) = P(B)$$
$$P(A|B) = P(A)$$

換言之，若事件A和B的下述關係成立，則定義A和B是獨立事件：

$$P(A \cap B) = P(A)P(B) \tag{14}$$

此時，當其中一個事件發生時，另一個事件並不會受到影響。比方說，假設事件A是丟硬幣A出現正面的事件，事件B是擲骰子B得到4點的事件，則可認為這兩個事件各自獨立。事件A與事件B同時發生的機率，是所有事件發生機率——1/2和1/6的乘積，也就是公式

⒁。另外，如果事件 A 跟 B 互斥（**圖2c**）將會是另一種不同的意思，所以還請多加小心。

例題17

　　A和B兩人射擊中靶的機率各為1／3與1／4。試求兩人各自射靶時發生下列事件的機率。

1. 兩人都有射到靶。　2. 其中一人中靶。

解答　1. 可將A與B射擊中靶的事件獨立分開來看，因此兩人都中靶的事件發生機率是：

$$P(A \cap B) = P(A) \times P(B) = \frac{1}{3} \times \frac{1}{4} = \frac{1}{12}$$

　　2. 按加法定理計算：

$$P(A \cup B) = P(A) + P(B) - P(A \cap B)$$
$$= \frac{1}{3} + \frac{1}{4} - \frac{1}{12} = \frac{6}{12} = \frac{1}{2}$$

另解　2. 從餘事件「兩人都未射中靶」來考慮：

$$1 - \left[\left(1 - \frac{1}{3}\right) \times \left(1 - \frac{1}{4}\right) \right] = 1 - \frac{6}{12} = \frac{1}{2}$$

測驗20

　　假使事件A與B的機率是$P(A)=1／3$、$P(B)=1／4$、$P(A \cup B)=1／2$時，

1. 請算出$P(A \cap B)$、$P(A|B)$和$P(B|A)$。
2. 請問事件A與B是否各自獨立？

5. 隨機變數

5.1. 隨機變數是什麼？

　　拋擲骰子時擲出的骰數是1到6點，所以共有6個基本事件（元素）。假設有一個對應到各個事件的變數X[註]。若決定了X取的值

（1、2、3、4、5、6）及其發生機率（公正骰子的機率各為1/6），則這種變數就稱為隨機變數（Random variable）。換句話說，隨機變數是自帶機率的變數。如果拋硬幣的行為是一個隨機變數Y，拋出硬幣正面時$y=1$，拋出反面時$y=0$；假設$y=1$的機率為p，那$y=0$的機率便是$1-p$，同時一併定下每一個值的發生機率。附帶一提，公正硬幣的機率是$p=1/2$。在取普通變數的值時，不需去考慮這個值所對應的機率。

隨機變數分成離散型和連續型2種。正如前面解說所提到的，離散隨機變數是一種分散跳躍的數值。例如前述狀況「將拋擲骰子1次骰出的點數看作隨機變數X」，這個變數將出現從1到6的6個隨機跳躍的值。它無法取得$x=2.76$之類的數值。拋硬幣時也只能取得0與1總共2個數值。離散隨機變數的取值，像是$x=1$、2、3、4、5、6，都各有各的機率。因此，可以將隨機變數所取數值的機率視為一個函數，並稱其為機率密度函數（Probability density function）。

隨機變數亦能套用在稍顯複雜的情況上。譬如：設擲出2次公正骰子的點數和為X。如表1所示，2次骰子的點數結果共有36種。各元素發生的機率應為1/36。X取2至12的值時，也定下了取得這些數值的機率，因此是一個隨機變數。把隨機變數X相關的各個元素及其機率統整起來後如表2。舉例來說，正如這張表所示，$x=4$的隨機變數對應到3個元素，因此其發生機率是3/36。各個x的機率總和等於全事件，於是就像表2所述，其機率為1。

在計算拋擲2次骰子點數和的例子中，可根據表2將機率密度函數以圖3來表示。

其次，我們將累計事件i機率p_i的函數$F(x)$稱為分布函數（Distribution function）。就上述拋擲2次骰子的點數和例子而言，分布函數的圖表將如圖4所示。最後累計所有機率的結果自然是1。

（註）變數Variable可說是一種容器，可以將各式各種的值裝其中。例如把2、6.4、23.9套入變數Z，便能做出像$100Z-48$這樣的算式。在這種情況下，我們會將$100Z-48$看作與Z有關的函數（Function）。附帶一提，在統計學上，變數本身會以大寫字母來表示，但要顯示其具體數值時卻有使用小寫字母的習慣，因此本書會遵循這種方式撰寫。

表2	拋擲2次公正骰子的骰數總和		
隨機變數	對應元素		機率
$x=2$	{1,1}		1/36
$x=3$	{1,2}, {2,1}		2/36
$x=4$	{1,3}, {2,2}, {3,1}		3/36
$x=5$	{1,4}, {2,3}, {3,2}, {4,1}		4/36
$x=6$	{1,5}, {2,4}, {3,3}, {4,2}, {5,1}		5/16
$x=7$	{1,6}, {2,5}, {3,4}, {4,3}, {5,2}, {6,1}		6/36
$x=8$	{2,6}, {3,5}, {4,4}, {5,3}, {6,2}		5/36
$x=9$	{3,6}, {4,5}, {5,4}, {6,3}		4/36
$x=10$	{4,6}, {5,5}, {6,4}		3/36
$x=11$	{5,6}, {6,5}		2/36
$x=12$	{6,6}		1/36
		總和	1

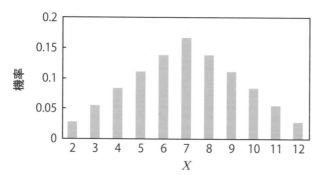

圖3　拋擲2次骰子的點數和的機率密度函數

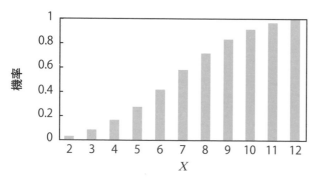

圖4　拋擲2次骰子的點數和的分布函數

■ 參考 ■ ·······························

　　如果把分布函數設為$F(X)$，則隨機變數X在範圍$a < X \leq b$內發生的機率P如下所示：

$$P(a < X \leq b) = F(b) - F(a) \qquad (15)$$

　　例如，拋擲2次骰子的點數和介於4到6之間的機率$P(4 < X \leq 6)$，在圖4裡面它的$x-4$與$x-6$的長條圖存在高度差。

·······························

　　另一方面，在連續隨機變數中，隨機變數可取該範圍內的任何值，像是0.35419。若以圖形表示連續隨機變數X的機率密度函數$f(X)$，則如圖5所示。在這張圖中，X為$-\infty$（負無限大）至a時，$f(X)$為0；X為a至d時，$f(X)$的值為正；而X為d至$+\infty$（正無限大）時，$f(X)$再次為0。

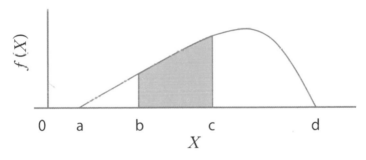

圖5　連續隨機變數中的隨機變數函數（示意圖）

　　當連續隨機變數是類似$X = b$這種特定數值時，將以$f(b)$的方式取得機率密度函數$f(X)$的值。$f(b)$的值在圖5中相當於$x = b$的高度位置。但是機率只會定義X的範圍。像在圖5中，X從b到c之間的範圍，其機率是以$P(b < X \leq c)$來表示（圖中上色區域）。另外，圖5裡山形曲線與橫軸所圍起來的面積等於總機率1。呈常態分配（後面會提到）發展的隨機變數屬於連續型，其機率密度函數在圖表上將呈現平滑且左右對稱的鐘形曲線。相較之下，圖5的機率密度函數則是向左偏移（緩坡較長）的左偏曲線（left-skewed）。

圖5的上色區域相當於機率 $P(b < X \leq c)$，該機率可用以下公式(16)表示。分配函數則寫作 $F(X)$。

$$P(b < X \leq c) = F(c) - F(b) = \int_b^c f(x)dx \tag{16}$$

5.2. 隨機變數的平均數與變異數

假設隨機變數 X 實際取 x 值，機率密度函數為 $f(x)$，那麼隨機變數 X 的平均數 $E(X)$ 可藉由下述公式定義。平均數亦可說是一種 期望值 （Expectation），其代表字母E就是源自Expectation一詞。不過有時也會以符號 μ（mu）來表示 $E(X)$。

在離散隨機變數的計算上，平均數是個別取值及其機率的乘積和，並以下述算式呈現：

$$E[X] = \sum_{i=1}^{n} x_i f(x_i) \tag{17}$$

隨機變數 X 的變異數 $V(X)$ 則用以下公式定義。 $V(X)$ 偶爾也會以 σ^2（sigma的平方）來表示。

$$V[X] = \sum_{i=1}^{n} (x_i - \mu)^2 f(x_i) \tag{18}$$

透過這個公式可以明白一件事：變異數亦可說是隨機變數離均差（離差）平方的平均。此外，變異數的正平方根 σ 則稱為標準差。

在連續隨機變數的情況下，其平均數與變異數表示如下：

$$E[X] = \int_{-\infty}^{\infty} x f(x)dx \tag{19}$$

$$V[X] = \int_{-\infty}^{\infty} (x - \mu)^2 f(x)dx \tag{20}$$

變異數和期望值間存在下述關係：

$$V[X] = E[X^2] - \mu^2 \tag{21}$$

這個公式的意思是「變異數等於X^2的期望值減去X的期望值μ的平方」。這個公式很常用，畢竟其求取變異數的計算頗為簡單。

■ **參考** ■ ⋯⋯⋯⋯⋯⋯⋯⋯⋯⋯⋯⋯⋯⋯⋯⋯⋯⋯⋯⋯⋯⋯⋯⋯⋯⋯⋯

公式(21)的推導過程：
$$E[(X-\mu)^2] = E[X^2 - 2X\mu + \mu^2] = E[X^2] - 2\mu E[X] + \mu^2$$
$$= E[X^2] - 2\mu^2 + \mu^2 = E[X^2] - \mu^2$$
不過，$\mu = E[X]$。

⋯⋯⋯

例題18

隨機變數X取值x、機率$f(x)$如下，求其期望值$E[X]$與變異數$V[X]$。

x	2	4	5	6
$f(x)$	0.1	0.4	0.2	0.3

解答　機率$f(x)$的總和是1，因此我們知道X只會代入表中的4個數值：
$$E[X] = 0.1 \times 2 + 0.4 \times 4 + 0.2 \times 5 + 0.3 \times 6$$
$$= 0.2 + 1.6 + 1 + 1.8 = 4.6$$
套用公式(21)後，得知：
$$V[X] = 0.1 \times 2^2 + 0.4 \times 4^2 + 0.2 \times 5^2 + 0.3 \times 6^2 - 4.6^2$$
$$= 0.4 + 6.4 + 5 + 10.8 - 21.16 = 1.44$$

另解　將數值套入公式(18)：
$$V[X] = 0.1 \times (2-4.6)^2 + 0.4 \times (4-4.6)^2 + 0.2 \times (5-4.6)^2$$
$$+ 0.3 \times (6-4.6)^2 = 0.1 \times (-2.6)^2 + 0.4 \times (-0.6)^2$$
$$+ 0.2 \times (0.4)^2 + 0.3 \times (1.4)^2 = 1.44 （計算量龐大）$$

測驗21

隨機變數X取值 x、機率 $f(x)$ 如下，求其期望值 $E[X]$ 與變異數 $V[X]$。

x	2	4	5	-2
$f(x)$	0.2	0.4	0.2	0.2

例題19

試求拋擲1次公正骰子的點數平均數與變異數。

解答　設擲出公正骰子1次的點數結果為X，X是從1到6且機率均等（1/6）的隨機變數。因此，

$$E[X]=\frac{1}{6}\times(1+2+3+4+5+6)=\frac{21}{6}=\frac{7}{2}$$

$$V[X]=\frac{1}{6}\times(1^2+2^2+3^2+4^2+5^2+6^2)-\left(\frac{7}{2}\right)^2$$

$$=\frac{91}{6}-\frac{49}{4}=\frac{35}{12}$$

測驗22

假設有一張獎金100,000元的彩券，其中獎機率是1/10,000。請算出該彩券中獎所獲金額的平均數與變異數。此外，在此並不考慮彩券的購買價格。

5.3.　隨機變數的加法與乘法

　　當隨機變數 X 的平均數寫作 $E[X]$，變異數寫作 $V[X]$ 時，將 X 乘以 a 倍並加上 b，組成新的變數 $aX+b$，這個變數的平均數與變異數算式成立如下，且設 a 和 b 為常數。

$$E[aX+b]=aE[X]+b \tag{22}$$

$$V[aX+b]=a^2\,V[X] \tag{23}$$

　　假使拋擲1次公正骰子所得到的點數為 X，那麼如例題19所示，

$E[X]=7/2$且$V[X]=35/12$。這裡讓我們來思考$Y=6X+4$這個新的隨機變數,若用上述兩個公式計算其平均數跟變異數,則$a=6$、$b=4$,整個運算過程如下:

$$E[Y]=6\times\frac{7}{2}+4=25$$

$$V[X]=6^2\times\frac{35}{12}=105$$

另外,對於X_1與X_2這兩個隨機變數,其總和X_1+X_2的期望值可用下述算式表示:

$$E[X_1+X_2]=E[X_1]+E[X_2] \qquad (24)$$

「將2顆公正骰子各分別拋擲一次的點數和平均數」等於「透過這個算式算出來的各骰子點數平均和」,即$7/2\times2=7$。

即使隨機變數超過3個以上,這個算式也依然成立。
此外,當X_1與X_2各自獨立時,X_1+X_2的變異數表示如下^(註)。

$$V[X_1+X_2]=V[X_1]+V[X_2] \qquad (25)$$

只要隨機變數互相獨立,就算有3個以上的隨機變數,這個算式也仍舊成立。

(註) 與本章第4節〈機率〉裡曾解釋過的獨立事件一樣,在計算時也可以將隨機變數的獨立納入考量。若2個隨機變數各自獨立,則其共變異數為0。

例題20

試求拋擲2顆骰子時的點數和之期望值與變異數。

解答 雖然也可以用{1,1},{1,2},……來數2顆骰子的點數組合,但這裡我們會用上面的公式來解題。假設擲出1顆骰子所得到的點數結果為隨機變數。根據前面例題19所述,這個變數的期望值是7/2,變異數則是35/12。由於2顆骰子所擲出的點數各自獨立,點數和的期望值為7/2+7/2=7,變異數為35/12+35/12=35/6。

試想拋擲一枚無偏硬幣的隨機變數X，出現正面時取$X=1$，出現反面時$X=0$。若拋6次硬幣，求X的期望值和變異數。

5.4. 柴比雪夫不等式

隨機變數X有一個定理是公式㉖的柴比雪夫不等式，在這個定理中，無論隨機變數X的機率分配以何種方式分布，它都能表現出其與X相關平均數μ和標準差σ之間的關係。

$$P(|X-\mu| \geq c\sigma) \leq \frac{1}{c^2} \qquad (26)$$

這個不等式顯示，對於任意正數c，X跟μ的絕對偏差超過$c\sigma$的機率將小於整體的$1/c^2$。將這個公式製成圖表，如圖所示，圖6上色區域的面積在$1/c^2$以下。只要利用此定理，就能知道像$c=2$時，隨機變數X跟平均數μ相差2σ以上的機率在$1/4=0.25$以下。在稍後會提到的常態分配上，與平均數μ相差2σ以上的機率不到0.05，跟這個數值比起來，上面算出的值相對寬鬆，不過因為這個算式不管在哪種分配上都適用，所以也是一種機率運算的指標。此外，當c未滿1時，這個等式的右側值自然會大於1。

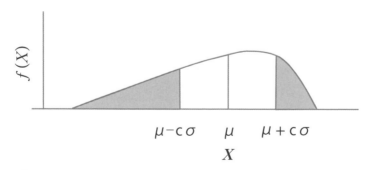

圖6 柴比雪夫不等式

符號μ與σ表示平均數與標準差，且設$c>0$。

專欄1

統計資料1. 出生數及總生育率的年度變化

現在日本人口仍在持續減少，其主要因素公認是出生數的降低。下圖顯示其年度變化（1947年～2018年），尤其可見圖中第二次嬰兒潮後的出生數逐年遞減。同時，單一女性一輩子生育的孩童數量（總生育率）也有所減少。

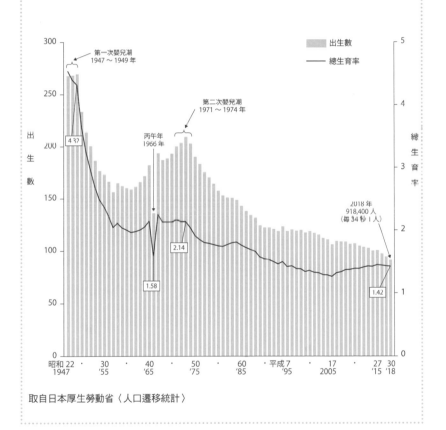

取自日本厚生勞動省〈人口遷移統計〉

<table>
<tr><td></td></tr>
</table>

第 3 章	機率分配

透過隨機變數建立的分布狀況稱為機率分配。我們可以運用機率分配進行後面將提到的統計學估計與檢定，而本章會介紹一些具代表性的機率分配。隨機變數分成離散型及連續型2種，機率分配也因此區分為離散分配及連續分配。本章開頭會先說明離散分配，隨後再解釋連續分配。

1. 柏努利分配

拋硬幣時拋出正面或反面，擲2顆骰子的點數和是偶數還是奇數，像這類結果二選一的實驗就稱為柏努利試驗。不過，這種試驗僅限一次。若以這種試驗為基礎設隨機變數X，則該值在試驗發生（成功）時表示為1，未發生（失敗）時則寫作0。$X=1$的機率設為p，$X=0$的機率是$1-p$，X的發生機率$f(X)$則以$f(1)=p$及$f(0)=1-p$表示。這種依據隨機變數而建立的分布稱為柏努利分配（Bernoulli distribution），簡單歸納後如 表1 所示。柏努利分配是離散型機率分配的一種。。

表1　柏努利分配

隨機變數X的值	1	0
機率$f(X)$	p	$1-p$

另外，這種分布的平均數$E[X]$與變異數$V[X]$如下所示，且設$p+q=1$。

$$E[X]=p \tag{1}$$

$$V[X] = p(1-p) = pq \tag{2}$$

請按柏努利分配推導出公式(1)和公式(2)這兩個隨機變數的平均數、
變異數公式。
提示:利用第 2 章平均數與變異數的定義。

2. 二項分配

在多次進行柏努利試驗之下,表示隨機變數的分布情況稱為二項分
配(Binomial distribution)。換句話說,這種分布顯示出在 n 次試
驗中的成功次數。至今解釋過的那些多次拋擲硬幣或骰子所發生的事件
皆呈二項分配,在後面會談到的各種機率分配之中,這種分配是非常重
要的分布樣態。

假設事件 A 發生(成功)的機率是反覆執行 n 次試驗的 p,事件 A
在執行過程中發生 x 次時,該事件的發生總次數為 $_nC_x$ 種。例如拋擲 5 次
骰子,發生 3 次骰出 1 點的事件,其事件數即為 $_5C_3$ 種。另一方面,事
件 A 未發生的機率是 $1-p$,也就是未發生的情況會出現 n 次中的 $n-x$
次。因此,在 n 次試驗中,事件 A 發生 x 次的機率 $f(x)$ 如下:

$$f(x) = {}_nC_x\, p^x (1-p)^{n-x} \tag{3}$$

這裡的 $x = 0$、1、2、3、$\cdots\cdots$、n。這種機率分配就稱為二項分
配。二項分配是一種離散型的機率分配。

比方說,假設拋擲 6 次公正骰子並出現 2 點的次數是隨機變數 X
(且 $0 \le X \le 6$)。此時,X 會符合試驗次數 6,每次的發生機率是
$1/6$ 的二項分配。我們把它簡寫為 $Bi(6, 1/6)$。舉例來說,1 次就骰出
2 點的機率 $f(1)$ 可用公式(3)計算,即

$$f(1) = {}_6C_1 (1/6)^1 (1-1/6)^{6-1} = 6 \times (1/6)^1 (5/6)^5 \approx 0.402$$

同樣地,若要求出 0 次到 6 次之間拋擲出 2 點的次數,其機率如 表2 所
示(數據在 Ex-3 binom 裡)。果然可以發現骰出 1 次 2 點的機率最高,
而 6 次都是 2 點的機率非常低。順帶一提,如表內 Total 的欄位所示,
所有發生次數的機率總和自然是 1。

第 3 章　機率分配

表2 拋擲6次骰子並出現2點的次數x的機率分配

x	0	1	2	3	4	5	6	Total
$f(x)$	0.335	0.402	0.201	0.054	0.0080	0.00064	0.000021	1

Excel ▶ 可利用函數BINOM.DIST計算二項分配的機率。在下圖中，我們將成功次數（Number_s）0、試驗次數（Trials）6及成功機率（Probability_s）1／6＝0.166…代入儲存格中，算出成功0次的機率是0.334…。

C5		:	× ✓ f_x	=BINOM.DIST(C4,C2,F2,FALSE)					
▲	A	B	C	D	E	F	G	H	I	J
1									
2		n=	6		p=	0.1667			
3									
4		x	0	1	2	3	4	5	6	Total
5		$f(x)$	FALSE)	0.402	0.201	0.054	0.0080	0.00064	0.000021	1

函數引數   ?   ×

BINOM.DIST

Number_s   C4   ↑   = 0
Trials C2   ↑   = 6
Probability_s F2   ↑   = 0.166666667
Cumulative   FALSE   ↑   = FALSE

= 0.334897977

傳回在特定次數之二項分配實驗中，實驗成功的機率

把這個結果繪成圖表，便如圖1所示。骰出5次2點、6次2點的機率太小，畫成長條圖就看不到了。另外，這個機率密度是離散型的。

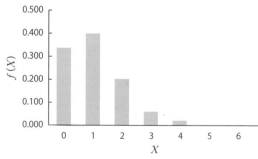

圖1　拋擲6次骰子並出現2點的次數X的機率密度曲線

設有6道選擇題，每道題目都有4個答案選項，選項中只有1個是正確解答。試求在A同學全數隨機作答時，6題中答對3題的機率。同時，請計算至少1題答對的機率。

當隨機變數X在各項試驗中發生的機率呈上述的二項分配時，若進行n次試驗，則X的平均數，也就是期望值$E[X]$與變異數$V[X]$便能簡單以下述算式呈現。

$$E[X] = np \tag{4}$$

$$V[X] = np(1-p) \tag{5}$$

公式(4)和公式(5)都是經常用到的重要方程式。比方說，表示上述拋擲骰子6次並出現2點次數的分配Bi(6,1/6)，其平均數為$np = 6 \times 1/6 = 1$，變異數則是$np(1-p) = 6 \times 1/6 \times (1-1/6) = 5/6$。

測驗3

設有8道選擇題，每道題目都有4個答案選項，選項中只有1個是正確答案。試求在A同學全數隨機作答時，其答對題數的平均數與變異數。

3. 波氏分配

當某個事件依二項分配發生時，平均數np維持定值，僅試驗次數n（無限）增加的分布狀況稱為波氏分配（Poisson distribution，又稱卜瓦松分配）。因為乘積np的數值不變，所以n的數值極大時，機率p自然也會變得極小。二項分配是一種離散分配，是故波氏分配也屬於離散分配。這是一種適用於那些極其罕見事件的機率分配，像是在現實世界中，某個都市每天車禍致死的死者人數或每年飛機空難意外次數等等。

假使將上述的np看作波氏分配的平均數μ，則呈波氏分配的事件發生機率$f(x)$便如下列算式所示：

$$f(x) = \frac{\mu^x}{x!}e^{-\mu} \tag{6}$$

請注意$x＝0 \cdot 1 \cdot 2 \cdot \cdots$，且$e$是自然對數的底數（$e＝2.718\cdots$）。

套用表示二項分配平均數與變異數的公式(4)和(5)，波氏分配的變異數$V[X]$如下：

$$V[X]＝np(1-p)＝\mu\left(1-\frac{\mu}{n}\right)$$

此處的n若為無限大，則這個公式中$1-\mu/n$的值無限趨近1，故以下方算式呈現：

$$V[X]＝\mu \tag{7}$$

也就是說，波氏分配的變異數等於其平均數。這也是波氏分配的一項重要特徵。

Excel ▶ 可利用函數POISSON.DIST計算波氏分配的機率。在下圖中，事件發生次數（X）為0，平均數（Mean）3的機率是0.0497⋯。

隨機變數X呈平均數3的波氏分配，其取值各自對應的機率，也就是機率密度的曲線如圖2所示（Ex-3 Poisson）。圖中右側尾端呈長緩形。不過，X≧10因機率極小而省略不呈現。

例題1

　　某件產品每月平均收到3次的客訴，試求客訴次數每月3次以上的機率。

解答　由於每個月的客訴次數非常少，所以可用波氏分配來計

算。因此，我們以下方算式表示每月客訴次數x次的機率$f(x)$：

$$f(x) = \frac{3^x}{x!} e^{-3}$$

客訴次數每月3次以上，代表其數值會以3次、4次、5次、……的方式無限增生，於是便用它的餘事件（每月客訴次數不到3次）來計算。也就是說，所求機率為整體機率1減掉$f(0)$、$f(1)$和$f(2)$的值（請參照圖2）。即 $1 - 0.0500 - 0.149 - 0.224 = 0.577$。實際的計算若採用上述的Excel函數會簡單很多。

測驗 4

　　A市的交通意外件數是每天平均2件。在這種狀況下，試求一天發生2次以上交通意外的機率。

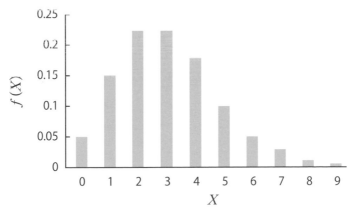

圖2　波氏分配的機率密度曲線（平均數3）

4. 負二項分配

　　負二項分配（Negative Binomial Distribution）是從二項分配衍生出來的分布。負二項分配表示在成功機率p的試驗下，直到第k

次成功為止的失敗次數x的分布情況。負二項分配的成功次數固定不變，失敗次數（或是所有試驗次數）才是隨機變數。另一方面，二項分配則是試驗次數固定不變，以成功次數為隨機變數。

假設在一個呈二項分配的試驗上，直到第k次成功為止的失敗次數是x，那麼便能將其機率表示如下：

$$f(x) = {}_{x+k-1}C_x\, p^k (1-p)^x \tag{8}$$

Excel ▶ 可利用函數NEGBINOM.DIST計算負二項分配的機率。在下圖中，我們將失敗次數（Number_f）0、成功次數（Number_s）6及成功機率（Probability_s）0.8代入儲存格中，求得其機率為0.262144。

負二項分配的密度函數範例如右頁的圖3所示（數據為Ex-3 negbin）。此例的成功次數為6，成功機率0.8，X則表示失敗次數。

負二項分配的期望值與變異數如下所示：

$$E[X] = \frac{k(1-p)}{p} \tag{9}$$

$$V[X] = \frac{k(1-p)}{p^2} \tag{10}$$

從這兩個算式導出$V[X] = E[X]/p$，因此$E[X] < V[X]$在$0 < p < 1$的範圍內成立。也就是說，負二項分配的變異數比平均數分布更廣，即呈現出過度分散（over-dispersion）的分布現象。

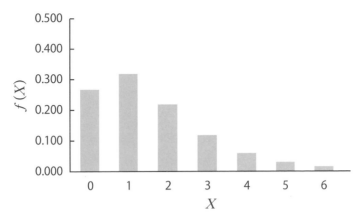

圖3 負二項分配的機率密度曲線

測驗5

請證明在負二項分配上 $E[X] < V[X]$。

5. 超幾何分配

假設在A、B兩種樣本所組成共 N 個的群體中，有 M 個A樣本。從這個群體裡隨機抽出1個樣本且不將其放回（不放回抽樣），重複進行這項試驗 n 次，並設抽出結果有 x 個A的機率為 $f(x)$。此時出於樣本B是從 $N - M$ 個樣本中取 $n - x$ 個，因此 $f(x)$ 可用下列算式表示：

$$f(x) = \frac{{}_M\mathrm{C}_x \times {}_{N-M}\mathrm{C}_{n-x}}{{}_N\mathrm{C}_n} \tag{11}$$

當隨機變數 x 以這種機率分配呈現時，其分布稱為超幾何分配（Hypergeometric distribution）。當超幾何分配的 M 與 N 足夠大時，其分布狀況將近似於二項分配。在這種情況下，取出A的機率 p 可視為 M / N。

超幾何分配是一種在取樣上時常用到的機率分配。舉例來說，在抽樣檢查大批產品時，便能透過這種手法，從不合格產品的數量推算出該批產品的不合格產品總量。其他領域也會用到這種手法，像是在生態學上推測該地區內動物數量的時候。

假設20件產品中有3件不合格。試求從這些產品裡隨機抽選5件時，其中2件產品不合格的機率。

解答　從20件產品裡取5件的組合有 $_{20}C_5$ 種。從3件不合格產品裡抽出2件的組合共 $_3C_2$ 種，自合格產品17件中抽出剩下3件產品的組合則有 $_{17}C_3$ 種。是故，所求機率為：

$$\frac{_{17}C_3 \times {_3}C_2}{_{20}C_5} = \frac{680 \times 3}{15504} \approx 0.132$$

Excel▶　可利用函數HYPERGEOM.DIST計算超幾何分配的機率。在下圖中代入上方例題的值，可得出機率等於0.1315…。不過，此例是以不合格產品為成功次數。

函數引數			? ✕
HYPGEOM.DIST			
Sample_s	2	↑	= 2
Number_sample	5	↑	= 5
Population_s	3	↑	= 3
Number_pop	20	↑	= 20
Cumulative	FALSE	↑	= FALSE
			= 0.131578947
傳回超幾何分配			
	Cumulative　為一邏輯值; 當為 TRUE 時, 採用累加分配函數; 為 FALSE 時, 採用機率密度函數。		

測驗 6

檢查100件A產品的結果，當中有98件合格。此時從中任意抽選5件產品，試求其中1件不合格的機率為何？

6. 常態分配

6.1. 什麼是常態分配？

　　常態分配（Normal distribution）是一種很典型的連續型機率分配，在統計學上非常常見，經常用於解釋各式各樣的自然現象與社會現象。常態分配亦名高斯分配，據說是德國著名科學家高斯在分析測量誤差時想出的一種表示誤差的函數。比方說，如果大量測量鐘擺一次來回擺動所需的時間（一個週期），那每個測量值會以某個值（真實值）為中心呈現幾乎左右對稱的鐘形分散，其分布情況便被認定呈常態分配。

　　像是呈二項分配的隨機變數，若在不改變其發生機率下，只極端地增加試驗次數，最終以連續分配來看的話，其將呈現常態分配的樣貌。舉例來說，每次發生機率為0.25的二項分配，畫出試驗次數 n 為4與100的機率以及按常態分配的機率密度曲線 $f(X)$，如下一頁的圖4所示。當 n 值小（$n=4$）時，發生次數 X 的二項分配與按常態分配畫的 $f(X)$，其值存在些微差距（圖4a）。另一方面，n 值大（$n=100$）時，兩者的差距則變得十分地小（圖4b）。若 n 值愈大，雙方的數值就愈會無限趨近，由此可知，常態分配是二項分配的 n 為正無限大時的極限分配。

> 測驗 /
>
> 　　請分別算出圖4a及b中，二項分配的變異數 σ^2。

　　假設隨機變數 x 呈平均數 μ，變異數 σ^2 的常態分配 $N(\mu, \sigma^2)$，其機率密度函數如下方算式所示。雖然這個算式看起來很複雜，但其平均數跟變異數之間毫無關聯。也就是說，該算式並不會用平均數決定變異數的數值。

$$h(x) = \frac{1}{\sqrt{2\pi}\sigma} e^{\frac{-(x-\mu)^2}{2\sigma^2}} \tag{12}$$

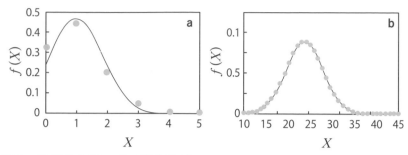

圖4　常態分配與二項分配的比較

圖上圓點是按二項分配計算的機率（二項分配的試驗次數a.4、b.100），曲線則表示按常態分配的機率。這邊是將兩種分配的平均數跟變異數盡可能一致地套在一起。

Excel▶　利用函數NORM.DIST計算常態分配的機率密度函數。在下圖中，當隨機變數為1、平均數（Mean） 2、標準差（Standard_dev）是3時，密度函數的值顯示為0.125⋯。

　　雖然說常態分配的機率密度函數呈左右對稱的鐘形（bell-shaped），但其曲線形狀會因標準差——也就是變異數的大小而不同。為了方便對比，圖5顯示了3種常態分配的機率密度曲線差異，這3種常態分配的平均數相等（皆為0），標準差各異。從這張圖中可看出，標準差愈大，曲線高峰就愈低，呈現坡度緩且寬廣的鐘形。不過，每條曲線與X軸所圍起來的範圍面積都不會改變，均為1。

6.2.　標準化轉換

　　具備不同平均數和變異數的常態分配 $N(\mu, \sigma^2)$ 可以轉換成平均數

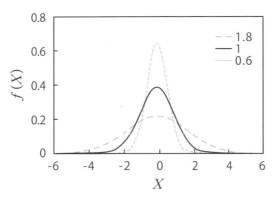

圖5　因常態分配的標準差所產生的形狀差異
數值表示每條機率密度曲線的標準差。

0、變異數1的常態分配函數 $N(1,0)$，這種轉換稱為標準化轉換。也就是說，將隨機變數 y 代入 $N(\mu, \sigma^2)$ 時，可透過下方公式使新取得的數值 z 呈現 $N(1,0)$。就像後面提到的一樣，這個公式時常會用到。

$$z = \frac{y-\mu}{\sigma} \tag{13}$$

轉換後所得的稱為標準常態分配，套用公式(12)後，可表示如下。

$$g(z) = \frac{1}{\sqrt{2\pi}} e^{\frac{-z^2}{2}} \tag{14}$$

進行數據的標準化轉換後，要比較不同常態分配的隨機變數會更容易。此外，標準常態分配的機率密度曲線會形成圖5中標準差等於1的曲線（實線）。

6.3.　呈常態分配的隨機變數存在機率

常態分配屬於連續型，跟至今解說過的各種分配都不一樣，這點必須多加留意。也就是說，連續分配的機率會藉由一定範圍的隨機變數值（第2章圖5的上色區域）來定義。譬如在常態分配 $N(\mu, \sigma^2)$ 上，X 存在於平均數 μ 到 $\pm 1\sigma$ 範圍內的機率是68.3％。再者，在 $\pm 2\sigma$ 及 $\pm 3\sigma$ 的範圍中，X 存在的機率各為95.4％和99.7％。我們以為簡單起見而標準化的常態分配 $N(0,1)$ 為例，其模樣如圖6所示。換句話說，X 在平均0到 ± 1 的範圍（上色區域）存在的機率 P 是全體的68.3％。我們將其以

$P(-1 \leq X \leq 1) = 0.683$表示。同樣地，$X = \pm 2$的2條虛線之間的範圍占整體的95.4%。即$P(-2 \leq X \leq 2) = 0.954$。$X = \pm 3$時，則是$P(-3 \leq X \leq 3) = 99.7\%$。

　　藉由標準化轉換而來的隨機變數Z，可知道Z位於標準化後的常態分配的哪個位置，也就是取Z以上（或Z以下）值的機率。在此請試著用本書結尾附的常態分配表來求得其機率。表中直行是取到變數Z小數點後一位的值，第1列的0、1、2、…、9則代表Z的小數點第2位的值。兩者交點的值即為此刻所求機率。比如$Z = 1.6$時，如 表3 所示，一開始先找出直行的$Z = 1.6$，接著再從橫列決定小數點第2位的值（此例是0），並查閱兩者交點的數值。在此例中，該值為0.0548。（同樣地，當$Z = 0.83$時，透過 表3 可查到其值為0.2033。）如此便可得知$P(1.6 \leq Z < +\infty) = 0.0548$。如圖7所示，將這段推論圖表化後，

表3 常態分配表（節選）

z	0	1	2	3
0	0.5000	0.4960	0.4920	0.4880
0.1	0.4602	0.4562	0.4522	0.4483
0.2	0.4207	0.4168	0.4129	0.4090
0.3	0.3821	0.3783	0.3745	0.3707
0.4	0.3446	0.3409	0.3372	0.3336
0.5	0.3085	0.3050	0.3015	0.2981
0.6	0.2743	0.2709	0.2676	0.2643
0.7	0.2420	0.2389	0.2358	0.2327
0.8	0.2119	0.2090	0.2061	0.2033
0.9	0.1841	0.1814	0.1788	0.1762
1	0.1587	0.1562	0.1539	0.1515
1.1	0.1357	0.1335	0.1314	0.1292
1.2	0.1151	0.1131	0.1112	0.1093
1.3	0.0968	0.0951	0.0934	0.0918
1.4	0.0808	0.0793	0.0778	0.0764
1.5	0.0668	0.0655	0.0643	0.0630
1.6	0.0548	0.0537	0.0526	0.0516
1.7	0.0446	0.0436	0.0427	0.0418
1.8	0.0359	0.0351	0.0344	0.0336
1.9	0.0287	0.0281	0.0274	0.0268
2	0.0228	0.0222	0.0217	0.0212

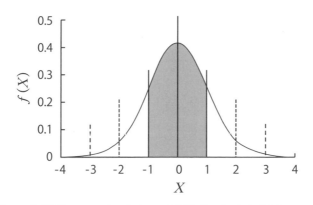

圖6　在常態分配N(0,1)上，隨機變數X的存在機率

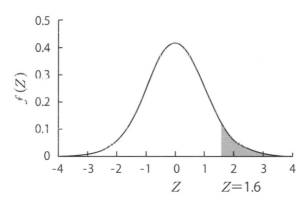

圖7　呈標準常態分配的存在機率

會發現標準常態分配的機率密度曲線顯示了z從該值到正無限大的存在機率（圖中上色區域的面積）。另一方面，圖中空白無上色區域的機率 $P(-\infty < Z \leq 1.6)$ 則可計算成：$1 - 0.0548 = 0.945$。

例題3

　　某間養雞場生產的雞蛋重量呈平均數65g、標準差6g的常態分配。此時若從這間養雞場的雞蛋中挑1顆出來，試求其重量超過70g的機率。

解答　把70g進行標準化轉換，並查看其在標準常態分配曲線
　　　上的位置。轉換後，$z=(70-65)/6 \approx 0.83$。用常態分
　　　配表查找$z=0.83$，獲得0.2033一值。因此，其重量超
　　　過70g的機率約為0.20（20%）。下圖中超過$z=0.83$
　　　的上色區域，其面積相當於整體面積的20%。

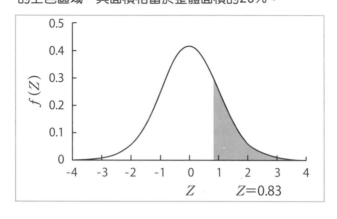

Excel ▶ 可利用函數NORM.DIST計算常態分配上的機率。如下圖般代入
數值，在Cumulative一欄指定累積分配函數TURE。結果算出機率為
0.797…，這個值是從負無限大累計起來的機率（上圖空白無上色區），而
所求機率是70g以上的值，所以答案是$1-0.80=0.20$。

函數引數　　　　　　　　　　　　　　　　　　　　　　　　　?　 ×

NORM.DIST

　　　　　　　X　70　　　　　　　　　　　　　⬆ 　= 70

　　　　　Mean　65　　　　　　　　　　　　　⬆ 　= 65

Standard_dev　6　　　　　　　　　　　　　⬆ 　= 6

　Cumulative　TRUE　　　　　　　　　　　　⬆ 　= TRUE

　　　　　　　　　　　　　　　　　　　　　= 0.797671619

傳回指定平均數和標準差下的常態分配

　　　　　　　Cumulative　為一邏輯值: 當為 TRUE 時, 採用累加分配函數; 為 FALSE 時, 採用機
　　　　　　　　　　　　　率密度函數。

產品G的重量呈平均數1,200g,標準差11g的常態分配。此時若從
產品G裡取出1件,試求其重量在1,180g以下的機率。

例題4

　　試求拋擲1顆公正骰子200次時,出現4點的次數平均數
與標準差。接著,請算出在200次中,出現4點的次數為25次
以下的機率。

解答　如第2章解說過的,拋擲骰子並骰出4點的次數呈機率
　　　1/6的二項分配。因此擲200次後骰出4點的次數X,其平
　　　均數$np = 200/6 = 33.33\cdots$。變異數是$np(1-p)$
　　　$=200/6 \times (1-1/6)=200/6 \times 5/6 \approx 27.77$,所以標準差
　　　為5.27。由於這個試驗進行了200次之多,因此,X呈平均數
　　　33.3、標準差5.27的常態分配$N(33.3, 5.27^2)$。故將X
　　　在25次以下的機率標準化後,得出$Z=(25-33.3)/5.27$
　　　$=-1.57\cdots$。所求機率等於$P(-\infty \leq Z \leq -1.57)$。查閱
　　　常態分配表可得知$P(1.57 \leq Z \leq +\infty)-0.058$,而此機
　　　率與題目所求機率是以$z=0$為中心的左右對稱關係,因
　　　此答案是0.058。

Excel ▶ 運用函數NORM.S.DIST,如下圖般輸入數值後,可得到圖內的
值。因為求的是機率,所以Cumulative設為TURE。

函數引數　　　　　　　　　　　　　　　　　　　　　　　　? ✕

NORM.S.DIST

　　　　　Z -1.57　　　　　　　　　↑　= -1.57

　Cumulative TRUE　　　　　　　　↑　= TRUE

　　　　　　　　　　　　　　　　　　= 0.058207556

傳回標準常態分佈 (即平均值為0,標準差為1)

　　　　Cumulative　是函數要傳回的邏輯值: 累加分配函數 = TRUE; 機率質量函數 = FALSE

試求拋擲200次公正硬幣時,拋出正面次數的期望值與標準差。接著,請計算拋出120次以上正面的機率。

7. 均勻分配

最單純的一種分配是均勻分配(Uniform distribution)。這種分配通常是連續型的,指的是隨機變數 X 在固定區間內發生的機率為一定值的分布情況。這種分配的機率密度曲線如圖8所示,呈長方形。均勻分配多以Uni(a,b)的縮寫來表示。也就是說,X 只取範圍[a,b]中除了0以外的某個特定機率,此範圍外的機率皆為0。

若以公式表現其分布情況,則如下所示。

$$f(x) = c \qquad (a \le x \le b) \tag{15}$$

$$f(x) = 0 \qquad (x < a \text{或} b < x) \tag{16}$$

由於機率總和(長方形的面積)為1,因此得知c=1/(b−a)。在圖8中,X 取範圍[2,7]內 $f(x)=1/(7-2)=1/5$ 的值。

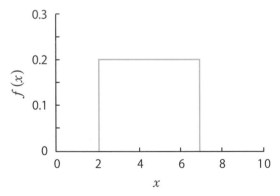

圖8 均勻分配 Uni(2,7)

測驗10

請算出均勻分配Uni(4,9)中f(x)=c的值。

均勻分配的平均數與變異數，可用下述算式表示。

$$E[X] = \frac{a+b}{2} \tag{17}$$

$$V[X] = \frac{(b-a)^2}{12} \tag{18}$$

■ **參考** ■ ．．．．．．．．．．．．．．．．．．．．．．．．．．．．．．

均勻分配的平均數和變異數可透過其定義計算如下：

$$E[X] = \int_a^b \frac{1}{b-a} x dx - \frac{1}{b-a} \left[\frac{x^2}{2} \right]_a^b = \frac{1}{b-a} \frac{b^2-a^2}{2} - \frac{a+b}{2}$$

$$V[X] = \int_a^b \frac{1}{b-a} x^2 dx - (E[X])^2 = \frac{1}{b-a} \left[\frac{x^3}{2} \right]_a^b - \left(\frac{a+b}{2} \right)^2$$
$$= \frac{a^2+ab+b^2}{3} - \frac{(a+b)^2}{4} = \frac{(b-a)^2}{12}$$

．．．．．．．．．．．．．．．．．．．．．．．．．．．．．．．．．．．．．

　　在均勻分配裡，隨機變數有時也有可能呈離散分配。比如說，將擲骰1次出現的點數設為隨機變數X，則X取1至6的整數，其發生機率皆等於1/6。另外，隨機變數離散時，其平均數跟變異數無法用上面的公式(17)跟(18)計算。

8. 機率分配的總結

　　下方圖9顯示出前面說明的隨機變數呈各種機率分配時之間的關係，但均勻分配除外。

　　最基本的分配是柏努利分配。當進行單次試驗後，某事件只有發生（成功）或不發生（失敗）的二選一結果（柏努利試驗）時，這種分配會分別予以雙方機率p及$1-p$。於多次進行這項試驗後，表現目標事件在試驗中發生次數的分布情形即為二項分配。如果二項分配的試驗次數

n增加，則常態分配便是其極限值。不過，常態分配是一種連續型的分配方式。在二項分配中，倘若目標事件發生機率p極小時，其極限值呈波氏分配。此外，關於僅限二選一的事件，若是從目標群體中以不放回抽樣抽出大量的樣本，就用超幾何分配表現裡頭有多少目標事件。接下來，在僅限二選一的事件上，計算在某個成功次數為止之前的失敗次數的是負二項分配。綜上所述，我們可以知道這些分配的基礎皆為二項分配。

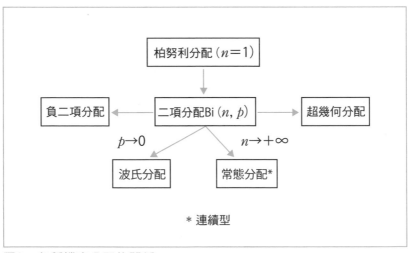

圖9　各種機率分配的關係

請問下列分布情況或事件應屬於哪種機率分配?

1. 工廠A昨天生產的100件產品G的重量
2. T市每日交通意外的死亡人數
3. 某間醫院明天出生的第一個嬰兒是女孩的情況
4. 某對夫妻的3個孩子全是男孩的情況
5. 在某所國中裡隨機選出30名學生進行二選一問卷調查的結果
6. 希望生女孩的夫妻在女孩出生前生出的男孩數量

解答

1. 因為該工廠生產的產品幾乎一樣,所以可套用在以某個數值(平均數)為中心的常態分配。
2. 因為考慮到死亡人數可能少到包括0,所以此題適用波氏分配。
3. 因為一名嬰兒只有男女之分,所以應屬於柏努利分配。
4. 因為這個事件是針對3名小孩個別生為男孩的機率,所以適用二項分配。
5. 因為是從某個群體裡取出一部分的樣本,所以要用超幾何分配。
6. 以成功生女孩的情況來思考,所以應屬於負二項分配。

請問下列分布情況或事件應屬於哪種機率分配？
1. 從裝有大量紅球與白球的箱子裡隨機逐一取出球時，在取出白球前抽出的紅球數目
2. 工廠A昨天生產的1,000件產品G裡不合格產品的數量
3. 某節電車車廂內，共20名乘客中有13人是女性的情況
4. A縣4,000名國中二年級男生的身高

另外，上述機率分配裡較具代表性的分配，其平均數跟變異數均歸納如 表4 。

表4 典型機率分配的平均數與變異數

分配	參數	範圍	平均數	變異數
A. 離散分配				
柏努利分配	prob=p	x=1	p	$p(1-p)$
二項分配	size=n, prob=p	x=0,1,2,..,n	np	$np(1-p)$
波氏分配	mean=μ	x=0,1,2,..	μ	μ
B. 連續分配				
常態分配	mean=μ, SD=σ	$-\infty < x < \infty$	μ	σ^2
均勻分配	min=a, max=b	$a < x < b$	$(a+b)/2$	$(b-a)^2/12$

※注意：SD表示標準差。

專欄 2

統計資料2. 依性別、年齡階層、公司規模區分的日本工資 狀況－2018年－

　　下圖是根據日本目前工作者的性別、年齡和公司規模區分的工資（每月）所繪製的圖表。在20歲出頭時，性別與公司規模所造成的工資差異相當小，但隨著年齡的增長，差距愈加明顯。可看出圖中50歲左右的差異最大。

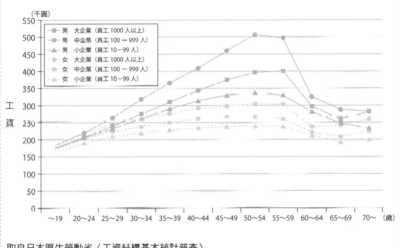

取自日本厚生勞動省〈工資結構基本統計普查〉

第4章 樣本與母體

在上一章，我們已經解說完隨機變數的典型機率分配。為了分析資料數據，必須查明與某事件有關的隨機變數呈何種分布。本章將討論從資料中抽取的樣本及其母體的相關內容。

1. 樣本與母體

在統計學上，我們會從實地實驗或調查中取得的資料推測該群體的特徵。成為測量、調查或檢驗對象的群體稱為母體（Population）。組成母體的元素稱為個體（Indivisual），個體數量有限時稱為有限母體，無限時則稱為無限母體。

假設以某間工廠所製造的產品為目標對象，其母體即有限；另一方面，將擲骰子骰出的點數視為目標對象，則只要無限次擲骰就會形成無限母體。

進行測量或調查之際，要先清楚設定好作為目標的母體，這是在統計分析前的必備程序。也就是說，我們必須事先確認資料來自哪個群體，了解分析結果將應用在哪些群體上。舉個例子，我們雖然可以用抽樣檢查30件批次產品的資料去推斷該批產品的特質，但以該年度所生產的所有產品為母體來運用這份資料推測就不太合適。

測量、調查目標群體中的所有個體，以研究該群體的特性，這種做法稱為普查。像國家所做的人口調查就是一種普查，這種調查顯然會耗費相當大的勞力和時間。也許在個體數少的群體，例如在以某所國中的三年級學生為母體時，採用這種調查方式是可行的，但要把全國國中三年級生當母體進行普查非常困難。

另一方面，從目標群體中抽取幾個個體，藉由測量、調查這些個體所得的資料估計該群體的特性就稱為抽樣調查。現實中的調查幾乎都是以抽樣調查來進行。

為了推測該群體的特性（重量、濃度或年收入等）數值，而在相同條件下實際取出的東西稱為樣本或試樣（Sample）（圖1）。樣本通常都採用隨機抽樣（Random sampling）的方式抽取。取出的樣本雖是原群體的一部分，但也不一定就直接可以代表該群體的特性。也就是說，取出的樣本特徵也有跟其他個體差異頗大的可能性，因此要從目標群體裡抽取多個樣本。

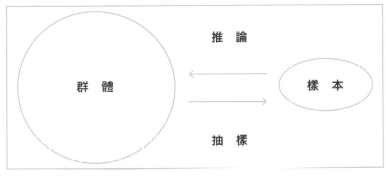

圖1　抽樣調查的概念

　　樣本的大小是指從某個群體中抽出（提取）的個體數量，也就是樣本量（Sample size）。儘管稱為「大小」，但並非意指研究個體尺寸（重量、體積等），這點還請多多注意。透過測量取出的樣本所獲得的數據，可得知其樣本平均數及樣本變異數。樣本平均數及樣本變異數的定義已在第1章介紹過。

　　類似樣本平均數和樣本變異數這種從樣本獲得的指標數據名叫統計量。我們可藉由統計量來推斷原群體的特徵。另外，呈現統計量分布狀況的資料稱為樣本分配。

　　在抽樣調查上，從某個群體裡完全隨機取出樣本的做法實際上並不容易。抽樣時會運用一些手段，盡可能地減少樣本的誤差，像是從1開始為樣本編號，再用亂數表選出跟該亂數一致的編號樣本之類的（圖2a）。此外，有時將原本的群體分組再抽樣的方法會更好地展現其特徵。例如按區域、性別等分類樣本的方式，這種方式便稱為分層抽樣（圖2b）。

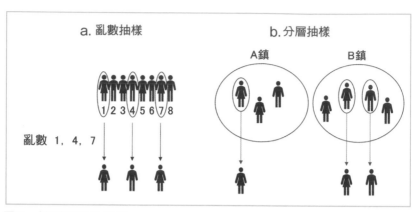

圖2 抽樣調查的方法

2. 中央極限定理

通常母體本身就有平均數跟變異數，分別稱為母體平均數及母體變異數。這些數據與從該群體中取出的樣本平均數和樣本變異數有所區別。

另外，母體中具備某種特徵（比如有／無、陽性／陰性等等）之個體的比例稱為母體比例。母體平均數、母體變異數和母體比例等母體所擁有的特徵值統稱母數或參數（Parameter）。

若試圖從來自樣本的樣本平均數等統計量推測母體參數值，則會用到統計學上最重要的其中一項定理——中央極限定理（Central limit theory）。中央極限定理是一項「不管母體分布如何，在樣本數足夠大時，從母體中取出的樣本平均數（或總和）將近似於常態分配」的定理。

這裡的重點在於「樣本平均數」產生的分布情況。樣本平均數產生的分布情況是一個很難理解的概念。舉例來說，自某個母體中隨機取出 n 個樣本 X_1、X_2、⋯⋯、X_n 時，會從中得到一個樣本平均數 $\overline{X}$。不過 X_1、X_2、⋯⋯、X_n 各自獨立，不會互相影響。大量重複執行這個動作後，將形成樣本平均數 $\overline{X}$ 的分配。將其畫成圖表即為圖3。此圖顯示出隨機從某個母體中一次提取4個樣本，並進行此試驗3次的結果。圖上標示了每次試驗的樣本值。從其結果可算出各個試驗的樣本平均數。以

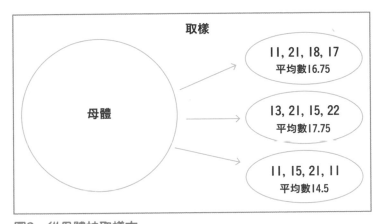

圖3　從母體抽取樣本

從母體中抽樣3次，每次取4個樣本的結果的呈現範例。

這張圖來說，其樣本平均數的計算結果是16.75、17.75與14.5。倘若持續多次進行這項試驗，則會發現樣本平均數增加，並呈現一組分布情況。

　　取得的樣本平均數 $\overline{X}$ 分配自帶平均數和變異數。而關於這套規律的定理就是中央極限定理。若要更詳細地描述這個定理，即「隨著 n 的增加，$\overline{X}$ 的分配將趨近於平均數 μ、變異數 σ^2/n 的常態分配」。

　　此處的 n 是取出的樣本數量（也就是樣本量），μ 和 σ^2 是母體的平均數及變異數。

　　若要運用算式表示中央極限定理，則如下述：

（i）　樣本平均數的期望值等於母體平均數。

$$E[\overline{X}] = \mu \tag{1}$$

（ii）　樣本平均數的變異數等於母體變異數除以樣本量 n。

$$E[(\overline{X} - \mu)^2] = \frac{\sigma^2}{n} \tag{2}$$

　　附帶一提，變異數是離差平方的平均，所以表示如公式(2)的左側。

　　這裡的(ii)「樣本平均數的變異數等於母體變異數除以樣本量 n」無法直覺地讀懂，所以我們用模擬題驗證看看。假設有一個由5種數值

6、7、8、9、10組成的極大群體，而我們從中以相同機率（即0.2）隨機抽出1個樣本。此時的機率分配如圖4所示，是所有機率都為0.2的離散型均勻分配，可看出其與常態分配的明顯差異。

假使我們大量執行這個動作：每次隨機從該群體抽出4個樣本，並計算其樣本平均數$\overline{x}$。例如，進行1次的結果是7、8、6、8，則$\overline{x}=(7+8+6+8)/4=7.25$。然後研究透過這種方式取得的$\overline{x}$，其分配是否真的呈常態分配的模樣。

首先，從定義算出母體的平均數$\mu=(6+7+8+9+10)\times1/5=8$。接著同樣地，藉定義計算變異數$\sigma^2=(6^2+7^2+8^2+9^2+10^2)\times1/5-8^2=330/5-64=2$。這裡如果套入中央極限定理，則樣本平均數$\overline{x}$的期望值依然是8，而變異數是以$n=4$求得$2/4=0.5\approx0.707^2$。也就是說，可推論$\overline{x}$呈$N(8,0.707^2)$分配。

接下來，我們試著用數值模擬來驗證這件事。從上述群體中隨機取4個樣本，並計算其平均數，重複進行40,000次的結果如圖5所示。正如這張圖表所呈現的，其分布情況非常接近以眾數8為中心左右對稱的常態分配。

然後計算這次模擬結果的平均數與標準差，得到其值為7.9979…和0.70689…，從這裡可以知道，這兩項數值非常接近上述用中央極限定理算出的樣本平均數8以及變異數0.707。這個模擬的樣本量雖然很少

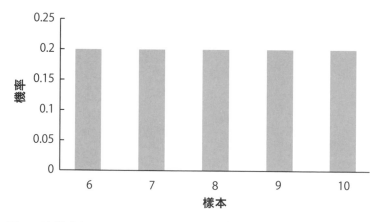

圖4　等機率抽樣時的機率分配

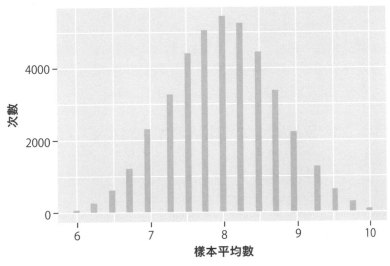

圖5 以數值模擬取得樣本平均數的次數分配

（$n-4$），但做了高達40,000次的大量試驗，因此得以使這項定理成立。

另外公式(1)中「只要無限增加試驗次數 n，其樣本平均數就會收斂（無限趨近）於母體平均數」的規律，名為大數法則（Law of large numbers）（尤指弱大數法則）。還有，將此法則套用在結果以有無表示的樣本上時，也會以「只要無限增加試驗次數 n，其事件發生機率就會收斂（無限趨近）於母體比例上」來表示。

3. 常態母體

3.1. 常態分配的近似

如果從目標群體抽出的樣本量大，那即使只做一次測量或調查，也能假定中央極限定理成立，使其樣本平均數趨近常態分配。假設用第3章解說過的標準化轉換其樣本平均數，則轉換後得到的隨機變數 Z 將呈常態分配 $N(0,1)$。

例題1

　　已知某家水果店，從至今為止水果C的秤重結果得出的每顆平均重量（單位：g）是平均數257、變異數63。那麼當隨機挑出35顆該水果時，其樣本平均數又會呈現什麼樣的機率分配呢？另外，試求樣本平均數為260g以上的機率。

解答　由於樣本大小35相對較多，因此可認定該樣本平均數近似於常態分配$N(257, 63/35)$，也就是$N(257, 1.8)$。接著，標準化樣本平均數260g，使其轉換成隨機變數Z：

$$Z = \frac{260 - 257}{\sqrt{1.8}} = 2.24$$

於是，便能用常態分配表查出此例題所求機率$P(Z \geq 2.24)$為0.013。

測驗1

　　某所高中三年級學生的英文考試成績（滿分100分）為平均數67、變異數28。若從其中隨機挑出40名學生的成績，試求其平均數為65分到69分內的機率。補充一點，$\sqrt{0.7} \approx 0.837$。

　　一般來說，母體的母體變異數σ^2多半是未知數，所以在這種情況下，我們採用的是第1章提過的——來自樣本變異數的標準差S。詳細計算容我省略，但結果存在$\sigma^2 = S^2 n / (n-1)$的關係，因此可以將這種關聯性套用在中央極限定理上，同時要是再進一步標準化，則下方的Z值將呈常態分配$N(0, 1)$。

$$Z = \frac{\overline{X} - \mu}{S / \sqrt{n-1}} \tag{3}$$

例題 2

從某所大學的男學生裡隨機選出37名學生並測量其身高（單位：cm）的結果，顯示其平均數為171、變異數為49。此時，試求其平均數為174以上的機率。

解答 由於樣本量37相對較大，所以其樣本平均數可適用於中央極限定理。因此，將平均數為174以上的機率用公式(3)進行標準化轉換：

$$Z = \frac{174-171}{\sqrt{49}/\sqrt{37-1}} = \frac{3}{7/6} = 2.57$$

於是，便能用常態分配表查出此題所求機率$P(Z \geq 2.57)$為0.005。

測驗 2

某所國中的三年級學生參加英文考試（滿分100分），從中隨機選出37名學生的成績後，其平均數為63、變異數為36。此時，試求其平均數不到60的機率。

3.2. 常態分配的疊加

當隨機變數X_1與X_2各自獨立，且分別呈現常態分配$N(\mu_1, \sigma_1^2)$及$N(\mu_2, \sigma_2^2)$時，請試著思考這兩個變數的和$X_1 + X_2$等於多少。這個和也可以視為一個隨機變數，其平均數為上述兩平均數的和$\mu_1 + \mu_2$，變異數則是兩變異數的和$\sigma_1^2 + \sigma_2^2$，呈現常態分配$N(\mu_1 + \mu_2, \sigma_1^2 + \sigma_2^2)$。綜上所述，呈常態分配的隨機變數，其總和可互相疊加。

比方說，由農場A跟農場B出貨的雞蛋，每顆重量分別呈常態分配$N(62,21)$及$N(55,18)$，假設從農場A與農場B隨機逐一抽驗雞蛋重量，則其重量總和呈常態分配$N(62+55,21+18) = N(117,39)$。其機率密度函數如圖6所示。

把呈現這種常態分配的隨機變數的疊加普遍化，即可使下述定理成立。

從呈常態分配 $N(\mu,\sigma^2)$ 的群體中隨機取出 n 個樣本，無論樣本量 n 是多或是寡，其樣本平均數皆會呈現常態分配 $N(\mu,\sigma^2/n)$。

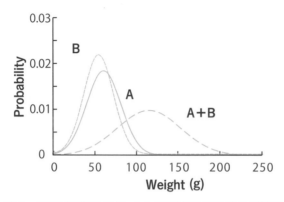

圖6　常態分配的疊加（由農場A與B出貨的雞蛋重量分布情況）

■　**參考**　■　　**導出定理1的方法** ···

　　若隨機變數 X_i（ $i=1,\ 2,\ \cdots,\ n$ ）呈現彼此獨立的常態分配 $N(\mu_i,\sigma_i^2)$ 時，試想隨機變數 Y 為：

$$Y = a_0 + a_1 X_1 + a_2 X_2 + \cdots + a_n X_n \tag{4}$$

這裡的 a_0、a_1、……、a_n 是常數。Y 則是 X_i 的疊加形態，所以呈現下述常態分配：

$$N\left(a_0 + a_1\mu_1 + a_2\mu_2 + \cdots a_n\mu_n,\ a_1^2\sigma_1^2 + a_2^2\sigma_2^2 + \cdots + a_n^2\sigma_n^2\right) \tag{5}$$

特別在設 $a_0 = 0$，$a_1 = \cdots = a_n = 1/n$，同時每個 X_i 都從相同的常態分配 $N(\mu,\sigma^2)$ 取樣時，Y 表示成：

$$Y = (X_1 + X_2 + \cdots + X_n)/n$$

並呈現下列常態分配：

$$N\left(\frac{1}{n}\mu + \frac{1}{n}\mu + \cdots + \frac{1}{n}\mu,\ \frac{1}{n^2}\sigma^2 + \cdots + \frac{1}{n^2}\sigma^2\right) = N\left(\frac{n}{n}\mu,\ \frac{n\sigma^2}{n^2}\right)$$

也就是說，Y 呈常態分配 $N(\mu,\sigma^2/n)$。

···

意思是：在中央極限定理上，如果從某個群體抽樣的樣本量很大，則其樣本平均數所繪製的分布情況會趨近於常態分配，但在定理1中，只要原本的群體呈常態分配，那 n 值再小都能套用中央極限定理。舉例來說，從一個群體 $N(4,4)$ 取出8個樣本並算出其樣本平均數，在大量進行這個動作後，可推斷從中得到的樣本平均數將逼近期望值4、變異數 $4/8=1/2$ 的分配 $N(4,1/2)$。用圖表來表示的話，便是類似圖7的常態分配。看得出來，比起母體，該樣本平均數分配的分散度較小，是集中趨近平均數的分布狀況。樣本量愈大，這種趨勢就愈明顯。

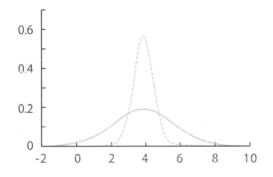

圖7　樣本平均數的分布情況
實線是母體的分配，虛線則表示樣本平均數的分配（$n=8$）。

例題3

　　從常態母體 $N(7,4)$ 中提取樣本量10的樣本，計算其樣本平均數，並將此動作重複進行多次。請分別算出此時樣本平均數的期望值與變異數。

解答　套入中央極限定理，算出該樣本平均數的期望值為7，
　　　變異數為 $4/10=0.4$。

工廠A某段時期每天都會從產品S中抽樣4件測量重量，並持續執行計算其平均數的工作。結果該值（單位：g）呈現$N(320,20)$。若以這段時期的產品S作為母體，請推算其重量平均數μ與變異數σ^2的值。

在前面的測驗3裡，如果把樣本量從4改成8，再計算其平均數，那其樣本平均數所顯示的分布狀況會變成什麼樣子？

每週從農場C所出貨的蘋果裡隨機抽測8顆，發現每顆蘋果的含糖量（％）平均數呈常態分配$N(8.6,2.3)$。在這種情況下，請針對農場C出貨的所有蘋果，估算其含糖量的平均數μ與標準差σ。

4. 常態母體的抽樣分配

目標群體呈常態分配時，有一些分布狀況可顯示從中提取的樣本分配。其具代表性的例子有卡方分配（又寫作χ^2分布）、F分配及t分配。因為常態分配屬於連續分配，所以這些分配也是連續型的。

4.1. 卡方分配

如果像公式(6)一樣，從呈標準常態分配$N(0,1)$的群體裡取出n個獨立隨機變數X，則表示其平方和Z的分配即為卡方分配。卡方分配是連續分配的一種。

$$Z = X_1^2 + X_2^2 + X_3^2 + \cdots + X_n^2 \tag{6}$$

其機率密度函數Z是由n個自由變動的隨機變數X決定的函數，所以稱為自由度n的卡方分配。

所謂的自由度（Degree of freedom），指的是可在母體中自由變動的隨機變數個數。例如有x、y、z共3個變數，已知其平均數為8。其中x跟y這兩個變數分別取任意值5跟10，結果因為平均數固

定，所以變數z的值會是一個固定值，無法自由變動（此例為9）。因此，其自由度等於從變數個數3減掉1變成2。如上所述，自由度是「與這個分配有關的所有隨機變數」扣除「受到限制的隨機變數」數量所獲得的值。

讓我們實際看看機率密度函數呈卡方分配時的形狀。圖8表示對應n各個數值的卡方分配。不過，由於$x \leq 0$時多為$f(x) = 0$，因此圖中並未繪製出來。在這張圖中顯示了n為2、5、9時的分布狀況。當n值較小時，是右側呈現具平緩斜坡的山形曲線，但這條曲線會隨著n的增加變成幾乎左右對稱的低矮山形。

我們試著計算平方和X大於一定值以上的機率。舉例來說，從母體$N(0,1)$中取出5個樣本X_i，其平方和大於等於9.24的機率相當於圖9上色的區域。利用書後的卡方分配表，可以得知這塊區域的機率為0.1。也就是說，當自由度為5時，X大於等於9.24的機率$P(9.24 \leq x \leq +\infty)$是0.1。

Excel ▶ 可透過函數＝CHISQ.DIST.RT(9.24,5)算出其機率為0.1。

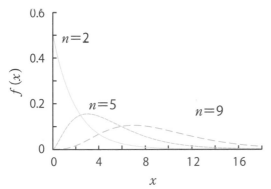

圖8　表示卡方分配的機率密度曲線

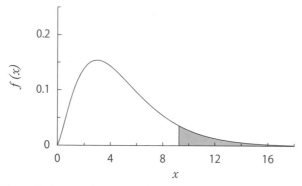

圖9　卡方分配（自由度5）的機率密度函數
上色區域是$9.24 \leqq x$的範圍。

　　此外，卡方分配跟常態分配一樣可疊加。意思是，當隨機變數X跟Y各自獨立且分別對應自由度m與n的卡方分配時，兩者總和$X + Y$將呈現自由度$m + n$的卡方分配。

例題4

　　若從常態分配$N(0,1)$裡隨機抽出7個樣本，試算其平方和超過18.48的機率$P(18.48 \leqq x \leqq +\infty)$。

解答　其平方和應呈自由度7的卡方分配。利用書後的卡方分配表，查出$P(18.48 \leqq x \leqq +\infty) = 0.01$。

測驗6

　　若從常態分配$N(0,1)$裡隨機抽出4個樣本，試求其平方和超過9.49的機率。

4.2.　F分配

　　F分配為呈卡方分配之2個隨機變數的比值所形成的分布情況。在F分配中，下述定理得以成立。。

　　若畫出呈F分配的隨機變數X的密度函數圖表，則如圖10所示。

定理2　設隨機變數X_1跟X_2呈卡方分配且相互獨立，當其自由度分別為m與n時，X_1/m和X_2/n的比呈F分配。

$$X = \frac{X_1/m}{X_2/n} \qquad (7)$$

此圖顯示的是自由度(m,n)為$(5,6)$的F分配，其呈現右側緩坡極長的山形曲線。另外，由於在$x \leq 0$的範圍內$f(x) = 0$，故圖便將其省略。在圖10中，x取3以上的值時，機率為0.107，寫作$P(3 \leq x \leq +\infty)$ $= 0.107$。圖中上色的區域便是示意該範圍。

Excel ▶ 可透過函數＝F.DIST.RT$(3,5,6)$取得答案0.107。此函數顯示X位於指定值到正無限大間範圍的機率。

4.3.　t分配

　　t分配也是由呈常態分配的群體中取出的樣本所形成的分布情況。這種分配常用在之後會提到的實地統計處理上，尤其是樣本量相對較小的時候。t分配也可看作是自由度$(1,n)$的F分配。換言之，它是變數X的平方根T，且該變數呈自由度$(1,n)$的F分配。

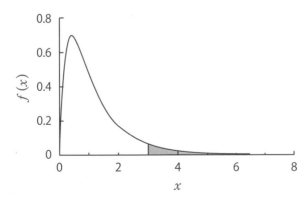

圖10　自由度$(5,6)$的F分配的機率密度曲線
上色區域是$3 \leq x$的範圍。

> **定理3** 若隨機從常態母體 $N(\mu, \sigma^2)$ 取出樣本量 n 的樣本,並取其樣本平均數及樣本變異數,則公式(8)的 T 將呈自由度 $n-1$ 的 t 分配。
>
> $$T = \frac{\sqrt{n-1}(\overline{X} - \mu)}{S} \qquad (8)$$

請注意,公式(8)中已無母體變異數,其表示的是樣本變異數 S。

呈 t 分配的隨機變數屬於連續隨機變數,其機率密度函數如圖11所示,是以隨機變數 $x = 0$ 為中心的左右對稱鐘形曲線,形狀近似標準常態分配。從細節來看,圖中 t 分配的密度函數是一條頂點比常態分配稍低的和緩曲線。另外可以知道的是,一旦樣本數增加,t 分配將更趨近標準常態分配。

呈 t 分配的隨機變數 x 取一定值以上(或以下)的機率如圖12所示。作為範例,圖中將取 $x = 1.6$ 以上的值,機率 $P(1.6 \leq \mathrm{x} \leq +\infty)$ 的區域上色,其面積為整體面積的9.24%。換言之,$P(1.6 \leq x \leq +\infty) = 0.0924$。

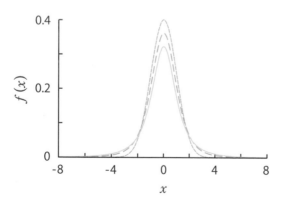

圖11　t分配的機率密度曲線

實線是自由度2的 t 分配機率密度曲線,虛線為自由度4的曲線,點線則表示標準常態分配 $N(0,1)$ 的機率密度曲線。

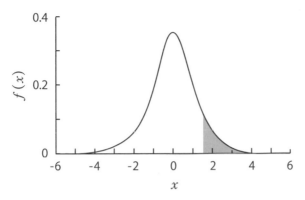

圖12　t分配（自由度4）的圖表

上色區域是x=1.6以上的範圍。

Excel▶　若想求得呈t分配的隨機變數X在一定值以上的發生機率，就要用函數－T.DIST.RT()來計算。如下圖所示，將X為1.6、自由度4代入其中，得出機率為0.0924…。

函數引數		? ✕
T.DIST.RT		
X	1.6　　　　　　　　　⬆	= 1.6
Deg_freedom	4　　　　　　　　　⬆	= 4
		= 0.092424573
傳回右尾 Student's 式 T 分配值		
	Deg_freedom　為一正整數，表示分配的自由度。	

例題 5

　　從平均數13的常態母體中隨機抽選17個樣本，結果樣本平均數為10.5，樣本變異數則是5.6。請問出現這種結果的機率是否小於5％？

解答　套用公式(8)，算出$T=\sqrt{(17-1)}\times(10.5-13)/\sqrt{5.6}=-4.23$。從書後的 t 分配表（$\alpha=0.05$）查出自由度16且位於兩側5％（單側2.5％）範圍內的是 T 大於等於2.12或小於等於 -2.12 的區域。在此處，相較於 T 值是正數還是負數，發生機率是否位於5％範圍內才是問題要點，因此要以兩側加起來的5％（單側各為2.5％）做判斷。如圖13所示，因為 $T=-4.23<-2.12$ 在這個5％的範圍內，所以可認定上述結果發生的機率低於5％。

Excel ▶　以函數＝T.DIST.2T(4.23,16)＝0.0429求得機率0.000637…。

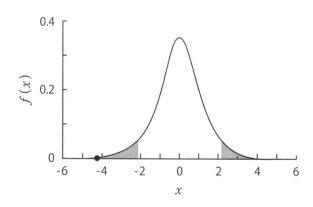

圖13　t 分配（自由度16）的圖表

上色區域是 $x=2.12$ 以上及 $x=-2.12$ 以下的範圍，$x=-4.23$ 以黑色圓點表示。

從平均數13的常態母體中隨機抽選17個樣本，結果樣本平均數為14.1，樣本變異數則是4。請問出現這種結果的機率是否小於5％？

5. 總結

整理一下本章所解說過的機率分配：卡方分配表示呈常態分配的隨機變數平方和，F分配是呈卡方分配的2個隨機變數比值的分布情況。t分配為呈F分配之變數平方根的分布情況。將這些機率分配的關聯性加入第3章的**圖9**中，可統整如下方**圖14**。

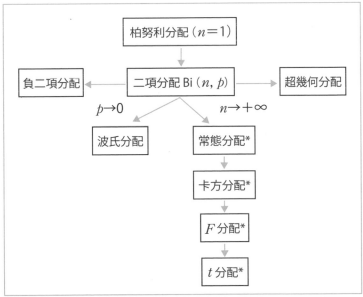

圖14　各種機率分配的關係

標示*號的機率分配屬於連續型。

第 5 章

估計

統計估計（Statistical estimation）是統計學所具備的重要作用之一。換言之，就是從測量或調查上取得樣本平均數及樣本變異數，並藉此估算原有群體的平均數、變異數等母數值。這時再考量樣本的分布狀況進行處理。統計估計有區間估計和點估計兩種。

1. 統計估計

從測量或調查上取得樣本平均數及樣本變異數，並藉此推估原群體的特徵時，有母數已知與未知兩種情況。若知曉表示原群體特徵的母體平均數 μ 和母體變異數 σ^2，便能利用這些數據來估計。另一方面，在上述數據均未知的情況下，就必須以資料進行推測。在這種情況下，當表示原群體特徵的平均數 μ 與變異數 σ^2 分別以樣本平均數 $\overline{X}$ 及樣本變異數 S^2 這類統計量的平均數（期望值）來表示時，便將這些數值稱為不偏估計量。母數與不偏估計量的關係由下方公式表示。此處的 n 指樣本的大小，也就是樣本量。

母體平均數 μ 的不偏估計量 $= \overline{X}$ (1)

母體變異數 σ^2 的不偏估計量 $\dfrac{n}{n-1}S^2 = U^2$ (2)

平均 μ 的不偏估計量可直接將樣本平均數代入公式(1)使用。另一方面，關於母體變異數 σ^2 的不偏估計量，公式(2)的右側等於第 1 章提過的不偏樣本變異數 U^2，因此 U^2 即為不偏估計量。於是，如果要從數據求得母體變異數 σ^2 的不偏估計量，可以直接計算將離差的平方和除以 $n-1$ 的不偏樣本變異數 U^2，就像下方再度登場的公式(3)一樣。

$$U^2 = \frac{1}{n-1}\sum_{i=1}^{n}(X_i - \overline{X})^2 \qquad\qquad (3)$$

n 倍樣本變異數 S^2 的值與 $n-1$ 倍不偏樣本變異數 U^2 的值都是離差

的平方和，所以兩者相等。雖說不管使用S^2或U^2任一種數值來作統計分析都會得到相同結果，但從本章開始，之後都會在實際的資料分析上採用U^2來做說明。

測驗1

某所國中的二年級學生進行了數學考試，從中隨機抽選8名學生成績的計算結果是樣本平均數71，樣本變異數36。試求該群體平均數、變異數的不偏估計量。

例題1

某所高中的一年級學生進行了英文考試，從中隨機抽選8名學生，他們的成績如下：

56, 70, 91, 58, 47, 67, 81, 78

假設以這所高中的全體一年級學生為母體，請從所得數據算出其母體平均數、母體變異數的不偏估計量。

解答　將樣本平均數68.5代入公式(1)，算出母體平均數的不偏估計量同為68.5。母體變異數的不偏估計量則透過公式(3)計算為212。

Excel ▶ 用＝AVERAGE( )算出樣本平均數，並用＝VAR.S()計算不偏樣本變異數。此外，樣本變異數可用＝VAR.P( )算得。

---

2. 點估計

點估計（Point estimation）會以特定數值表示母數的估計值，例如推估產品 S 內容量（g）的平均數為932。因此，點估計的優點就是數值處理起來很容易。

上述那種從樣本平均數及樣本變異數計算不偏估計量的方式就是點估計的做法。另外，還有一種做法叫最大概似估計法（Maximum likelihood estimation）。likelihood的意思是「可能性（似然）」，Maximum likelihood則是指「最大的可能性」，也就是說，可以將其解釋成計算發生機率最大值的方法。

　　舉個例子，讓我們試著用最大概似法計算擲骰子骰出5點的機率 p。擲出該骰子4次後，結果骰出2、4、5、1點。由於出現5點以外的點數機率為 $1-p$，因此造成這種結果的機率 $L(p)$ 是這4次事件各自的機率乘積，可用 $L(p)=(1-p)(1-p)p(1-p)=p(1-p)^3$ 來表示。類似 $L(p)$ 這種表達目標結果發生機率的函數名為概似函數，在最大概似估計法上會將概似函數設為母數的估計值，而母數則求取最大參數值。我們將擲骰範例的概似函數 $L(p)$ 製成圖表如圖1。當 $p=0.25$ 時，此函數的值達到最大值，所以該值便是題目所求 p 的估計值。另外，就算將 $L(p)$ 以 p 微分並做導數測試，也仍然會得出 $p=0.25$ 為 $L(p)$ 最大值的結果。

　　接下來我們試著用下述案例討論「事先知道表示母體的隨機變數所呈現的分布情況」時的計算方式。從產品A之中隨機挑選3件樣本並測量其重量（g），結果為124、103、118。已知產品A的重量呈變異數10的常態分配。這時候，要用最大概似法來計算產品A的重量平均數 μ。測量結果的機率 $L(\mu)$ 是常態分配上各個機率的乘積 $L_i(\mu)$，這裡以 μ 的函數來表示。此處的 $i=1$、2、3。在這個例子中，各機率 $L_i(\mu)$ 會用常態分配的密度函數來表示，$L(\mu)$ 則為以下算式：

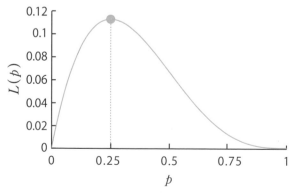

圖1　概似函數 $L(p)=p(1-p)^3$
圓點表示此函數的最大值。

$$L(\mu) = L_1(\mu) L_2(\mu) L_3(\mu)$$
$$= \frac{1}{\sqrt{2\pi \times 10}} e^{-\frac{(124-\mu)^2}{2\times 10}} \frac{1}{\sqrt{2\pi \times 10}} e^{-\frac{(103-\mu)^2}{2\times 10}} \frac{1}{\sqrt{2\pi \times 10}} e^{-\frac{(118-\mu)^2}{2\times 10}}$$

化簡該算式後，如下所示：

$$L(\mu) = \left(\frac{1}{\sqrt{2\pi \times 10}}\right)^3 e^{-\frac{(124-\mu)^2}{2\times 10} - \frac{(103-\mu)^2}{2\times 10} - \frac{(118-\mu)^2}{2\times 10}}$$

這裡要透過$L(\mu)$中e的指數部分去考量下方的函數$M(\mu)$。

$$M(\mu) = -(124-\mu)^2 - (103-\mu)^2 - (118-\mu)^2$$

$M(\mu)$的極限μ值會讓$L(\mu)$最大化。將$M(\mu)$的算式化簡後如下：

$$M(\mu) = -3\mu^2 + 690\mu - 39909 = -3(\mu^2 - 230\mu + 13303)$$
$$= -3(\mu - 115)^2 - 234$$

$M(\mu)$是μ的二次函數，故如圖2所示，$\mu-115$時將呈最大值。

　　因此，$\mu=115$時，機率$L(\mu)$處於最人值，估計此μ值為母體平均數。另一方面，資料的樣本平均數是$(124+103+118)/3=115$，這個數值與最大概似估計法所算出的值一致。一般來說，樣本平均數與最大概似法估算而得的母體平均數不一定會相同。綜上所述，透過機率計算的最人概似估計法是統計學上很重要的手法之一。

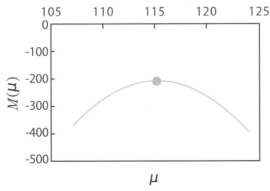

圖2　函數$M(\mu)$及其最大值
圖點表示$M(\mu)$的最大值。

3. 區間估計

　　點估計的值是單一的估計值，相對地，區間估計（Interval estimation）則是將未知母數 θ 以一定的機率存在於區間 $\Theta 1$ 與 $\Theta 2$ 之間來考慮。$\Theta 1$ 與 $\Theta 2$ 稱為信賴界限，用於估計的機率（例如95％）是信賴水準（Confidence level），從 $\Theta 1$ 到 $\Theta 2$ 的區間則名為信賴區間。區間估計的優點是可以明確顯示該區間的信賴水準——也就是信任的程度。這裡我們針對從樣本估算母體平均數的區間估計法進行解說。在估算之際，要將已知原群體母體變異數及未知的情況分開考量。

①已知母體變異數時

　　假設從已知變異數 σ^2 的母體中隨機提取 n 個樣本平均數 $\overline{X}$。此時試著用信賴水準 γ 來做母體平均數 μ 的區間估計。其樣本平均數 $\overline{X}$ 呈現源自中央極限定理的常態分配 $N(\mu, \sigma^2/n)$，因此要像下面的公式一樣進行標準化轉換，使 Z 呈常態分配 $N(0,1)$。

$$Z = \frac{\overline{X} - \mu}{\sigma/\sqrt{n}} \tag{4}$$

　　由於 Z 的機率密度函數顯示為以 $z = 0$ 為中心的左右對稱鐘形曲線，所以可以透過信賴水準 γ 決定信賴界限 $-Z_1$ 和 Z_1，並利用此信賴界限估計母體平均數。舉例來說，當信賴水準 γ 定為0.95時，便能從常態分配表的 $\alpha = 0.05$ 求出 $Z_1 = 1.96$。

　　$-Z_1$ 和 Z_1 之值有以下關係：

$$-Z_1 < \frac{\overline{X} - \mu}{\sigma/\sqrt{n}} < Z_1 \tag{5}$$

　　將其圖表化後如圖3所示。信賴水準等於機率密度曲線與直線 $-Z_1$ 和 Z_1 之間上色區域的面積。順帶一提，圖表兩側沒有對應到的白色區域面積均為2.5％，加起來是5％。信賴水準90％時 $Z_1 = 1.65$，信賴水準愈小，信賴區間就愈狹窄。

　　針對 μ 拆解公式(5)後，可推導出下列算式：

$$\overline{X} - \frac{\sigma}{\sqrt{n}} Z_1 < \mu < \overline{X} + \frac{\sigma}{\sqrt{n}} Z_1 \tag{6}$$

　　若將 $\overline{X}$、σ、Z_1 及 n 的值代入這個算式中，便能算出 μ 的區間估計。

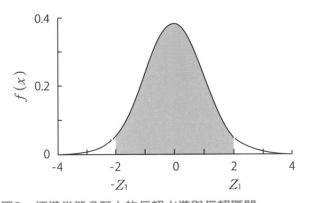

圖3　標準常態分配上的信賴水準與信賴區間

該曲線是$N(0,1)$的機率密度曲線。上色範圍是信賴水準設為0.95時的信賴區間。在這裡，Z_1=1.96。

例題2

　　　已知在某間農場取得的帶殼雞蛋每顆重量（g）的變異數是16。從今天取得的雞蛋裡隨機拿出25顆測重，得知其平均數為63。請在信賴水準γ =0.95下，針對今天取得的雞蛋計算其雞蛋重量的母體平均數μ的信賴區間（g）。

解答　分別將$\overline{X}$=63、$\sigma = \sqrt{16}$= 4、Z_1=1.96與n=25代入公式(6)計算。

$$63 - \frac{4}{\sqrt{25}} \times 1.96 < \mu < 63 + \frac{4}{\sqrt{25}} \times 1.96$$

計算之後，可得知母體平均數的信賴區間（g）為$61.4 < \mu < 64.6$。

測驗2

已知某家農園所出貨的蘋果每顆重量（g）的變異數是64。從今天出貨的蘋果裡隨機取出25顆測重，得知其平均數為295。請在信賴水準γ =0.90下，針對今天出貨的蘋果計算其母體平均數μ的信賴區間。

然而，在信賴區間內不得不留意一點，那就是假設信賴水準為0.95時，作為母體目標的參數（此例為平均）有95％的機率不存在於信賴區間之中。這看起來不太好懂，但95％信賴區間的意思就是「實施100次從母體中取樣，並用其平均數計算信賴區間的動作，其中有95次的區間包含母體平均數」。

②母體變異數未知時

　　在實際的實驗及調查中，大部分的情況都不清楚目標群體的母體變異數 σ^2，但不偏樣本變異數 U^2 可從資料中求得。在這種時候並不會採用上述的常態分配，取而代之的是利用採不偏樣本變異數的 F 分配或 t 分配來估計。這裡我們用 t 分配的估計來解說。

　　假設從有平均數 μ 的母體中隨機擷取 n 個樣本，並取得樣本平均數 $\overline{X}$ 和不偏樣本變異數 U^2。此時，下述統計量 T 將呈現自由度 $n-1$ 的 t 分配。

$$T = \frac{\overline{X} - \mu}{u/\sqrt{n}} \tag{7}$$

　　接著就像上面的標準常態分配一樣，運用這個 T 值進行估計。因為 t 分配呈現以平均值 $t=0$ 為中心的左右對稱鐘形曲線，所以只要像圖4這樣，算出可能成為信賴水準 γ 的 $t = -t_1$ 跟 t_1 之間的區域面積 $t_1(>0)$ 的值即可。

　　藉 t 分配表查出這個 t_1 的值後，由公式(7)衍生出下列關係等式：

$$-t_1 < \frac{\overline{X} - \mu}{u/\sqrt{n}} < t_1 \tag{8}$$

　　針對 μ 拆解此算式後，建立以下算式：

$$\overline{X} - \frac{ut_1}{\sqrt{n}} < \mu < \overline{X} + \frac{ut_1}{\sqrt{n}} \tag{9}$$

只要分別將 $\overline{X}$、u、t_1 及 n 的值代入這個算式內，即可算出 μ 的區間估計。

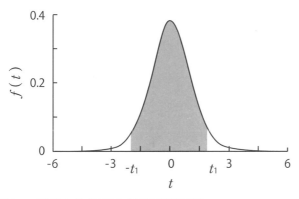

圖4　t分配上的信賴水準與信賴區間

該曲線為 t 分配（自由度30）的機率密度曲線。上色範圍是設信賴水準為0.95時的信賴區間。在這裡，t_1=2.04。

例題 3

　　若從某個群體隨機提取樣本量16的樣本，其平均數為12，不偏樣本變異數是9。試求信賴水準 γ=0.95時，母體平均數 μ 的信賴區間。

解答　將 $\overline{X}$=12、u=$\sqrt{9}$=3、n=16代入公式(9)。t_1是自由度15跟 t 分配表中 α=0.05交會的值，所以t_1=2.13。是故，該算式為：

$$12-\frac{3\times2.13}{\sqrt{16}}<\mu<12+\frac{3\times2.13}{\sqrt{16}}$$

計算之後，便能估計出10.4<μ<13.6。

測驗 3

在某所高中的一年級男學生中隨機選出31人並測量其體重（kg），結果平均數為56，不偏樣本變異數為25。試求在信賴水準 γ=0.95時，這所高中全體一年級男學生的平均體重 μ 的信賴區間。注意：$\sqrt{31}\approx5.57$。

　　若要用提取的樣本進行母體變異數的區間估計，該怎麼做比較好？假設我們從常態母體 $N(\mu, \sigma^2)$ 中隨機抽出樣本量 $n=8$ 的樣本。試著透過其不偏樣本變異數 U^2，用信賴水準 γ 對母體變異數進行區間估計。此時的統計量 $Z = \dfrac{(n-1)U^2}{\sigma^2}$ 呈自由度 $n-1$ 的卡方分配。我們針對這個 σ^2 做區間估計。若把 Z 視為隨機變數 X，則其與母體平均數一樣，只要算出 x_1 和 x_2 的值就好；該數值如圖 5 所示，將卡方分配的機率密度曲線跟直線 $x = x_1$ 及 $x = x_2$ 之間圍起來的區域面積視為信賴水準。在這裡，圖中上色區域外的兩側（同樣未上色的白色區域），也就是 $0 < x \le x_1$ 與 $x_2 \le x < +\infty$ 的範圍面積相等。意思是，先定下 x_1 與 x_2 的值，好讓兩邊的面積同為 $(1-\gamma)/2$。此圖中上色區域的面積是 $\gamma = 95\%$。因此其兩側的白色區域面積皆為 2.5%，查看卡方分配表得知自由度 7 且 $\alpha = 0.975$ 時 $x_1 = 1.69$，而 $\alpha = 0.025$ 時，$x_2 = 16.0$。

　　根據所得的 x_1 與 x_2 值，套入隨機變數 $X (= (n-1)U^2/\sigma^2)$ 使以下公式成立：

$$x_1 < \frac{(n-1)U^2}{\sigma^2} < x_2 \tag{10}$$

　　將 σ^2 拆解出來得到下述公式，其範圍將成為母體變異數 σ^2 的信賴區間。

$$\frac{(n-1)U^2}{x_2} < \sigma^2 < \frac{(n-1)U^2}{x_1} \tag{11}$$

最後只要在公式(11)中代入 n、U^2、x_1 與 x_2 的值，就能算出信賴區間。

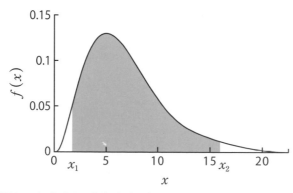

圖5　卡方分配（自由度7）的母體變異數估計
決定 x_1 與 x_2 的值，以便令上色區域面積與全體面積的比例成為信賴水準 γ（此例為95%）。

例題 4

　　某所高中的二年級學生進行了數學考試，從中隨機挑出 8 名學生的成績後，樣本平均數是 71，不偏樣本變異數則是 35。請用信賴水準 95% 估計該校所有二年級學生成績變異數的信賴區間。

解答　由於這所高中的二年級學生人數眾多，所以數學成績應該也呈常態分配。$n=8$、$U^2=35$，從卡方分配表查出自由度 $8-1=7$ 時，在信賴水準 95% 下（同圖 5）$x_1=1.69$，而 $x_2=16.0$。將這些數據代入公式(11)後，算出其信賴區間等於 $7 \times 35/16.0 < \sigma^2 < 7 \times 35/1.69$，即 $15.3 < \sigma^2 < 145$。

測驗 4

　　從大量飼養的實驗鼠中任意取出 9 隻並測量其體重（g），結果樣本平均數是 23.2，不偏樣本變異數則是 7.0。請用信賴水準 95% 估計所有實驗鼠之變異數的信賴區間。

4.　母體比例的估計

　　到目前為止，我們都是以抽樣取得的重量、長度、成績分數等定量數據為對象進行估計。這類資料亦稱定量數據。另一方面，有些抽樣數據只有是或否、陽性或陰性等二擇一單選題，所以也有很多資料會以其比例為調查對象。此外，定量的數值測量資料有時也可以依未滿或高於某個標準值分為兩組。這種資料稱為定性數據。

　　比如說，在研究 Q 縣縣民的 C 病毒染疫狀況時，要知道每位縣民的檢測結果為陽性或陰性，假設陽性染疫者為 1，陰性未染疫者為 0，則該縣縣民群體的數據會變成相當多 1 跟 0 的群體。我們把這個群體的陽性率（此為 1 的比例）稱為母體比例。

接著用隨機變數 X 來預測群體中某個個體是陽性還是陰性。假設該個體是陽性時 $X=1$，陰性時 $X=0$，X 呈柏努利分配。若設 $X=1$ 的機率為 p，則 $X=0$ 的機率便是 $1-p$。然而，$0 \leqq p \leqq 1$。此時如第 3 章所述，X 將呈現平均數 p，變異數 $p(1-p)$ 的柏努利分配。

之後，從這個由 1 與 0 組成的集合中隨機取出樣本量 n 的樣本 X_i，其樣本平均數 $\overline{X}$ 如公式(12)。需注意 $i=1,2,3,\cdots,n$。

$$\overline{X} = \frac{X_1 + X_2 + X_3 + \cdots + X_n}{n} \tag{12}$$

因為 X_i 只取 1 或 0 的值，所以 $\overline{X}$ 表示取樣的比例，也就是樣本比例。在 Q 縣縣民的案例中，在檢測 100 人後，若發現 31 人呈現病毒 C 陽性反應，則 $\overline{X}$ 為 0.31，這就是樣本比例。

由於每個樣本 X_i 都呈柏努利分配，所以在樣本量 n 足夠大的時候，可根據中央極限定理認定其樣本平均數 $\overline{X}$ 呈 $N(p, p(1-p)/n)$ 分配。

知道了樣本平均數所屬的分配，就能用與之前一樣的方法進行母體比例 p 的區間估計。換言之，便是將這個常態分配標準化，取得下方的變數 Z。

$$Z = \frac{\overline{X} - p}{\sqrt{p(1-p)/n}} \tag{13}$$

其次按照信賴水準 γ 決定信賴界限 $-Z_1$ 與 Z_1。舉例來說，在決定信賴水準為 0.95 後，就能從常態分配表上的 $\alpha = 0.05$ 查出 $Z_1 = 1.96$。接著，將 $-Z_1 < Z < Z_1$ 代入 p，並針對 p 拆解這個算式，得出表示區間估計的算式如下：

$$\overline{X} - \sqrt{\frac{p(1-p)}{n}} \cdot Z_1 < p < \overline{X} + \sqrt{\frac{p(1-p)}{n}} \cdot Z_1 \tag{14}$$

在這個算式中，當 n 足夠大時，根號內的 p 便等於樣本平均數 $\overline{X}$，因此套入 $\overline{X}$ 後得出最後這個公式：

$$\overline{X} - \sqrt{\frac{\overline{X}(1-\overline{X})}{n}} \cdot Z_1 < p < \overline{X} + \sqrt{\frac{\overline{X}(1-\overline{X})}{n}} \cdot Z_1 \tag{15}$$

只要將 $\overline{X}$、n 與 Z_1 套進這個算式，就能進行 p 的區間估計。

用區間估計推斷上述 Q 縣的染疫率，設信賴水準 $\gamma = 0.95$，並代入 $n = 100$、$\overline{X} = 0.31$：

$$0.31 - \sqrt{\frac{0.31(1-0.31)}{100}} \times 1.96 < p < 0.31 + \sqrt{\frac{0.31(1-0.31)}{100}} \times 1.96$$

最後估算出其區間為$0.219 < p < 0.401$。

透過前面的解說，相信各位已經注意到了——在統計學上進行估計等行為時，樣本量的大小會對結果產生巨大的影響。區間估計也一樣，樣本量愈大，就能估計出愈小的區間。在這個例子中，假設將$n = 100$改成$n = 10$，其估計出來的區間就會擴大成$0.0233 < p < 0.597$。

測驗5

任意挑出A縣縣民120人並對其進行病毒C檢驗，結果有23人呈陽性。此時，請試著在信賴水準$\gamma = 0.95$下，估計A縣的病毒確診率，並填寫下方空格。

把$\overline{X} = 23/120 = 0.192$、$n = 120$及$Z_1 = 1.96$代入公式(15)：

$$\boxed{A} - \sqrt{\frac{\boxed{B}(1-\boxed{C})}{\boxed{D}}} \times 1.96 < p < \boxed{E} + \sqrt{\frac{\boxed{F}(1-\boxed{G})}{\boxed{H}}} \times 1.96$$

計算這個算式後，估計其區間為$0.122 < p < 0.262$。

統計檢定

統計檢定（Statistical test）是統計學中非常重要的領域之一。它會將透過實驗或調查等方式取得的資料，按照規定的步驟進行判定。這裡我們會一邊用Excel演示範例，一邊解釋其基礎。

1. 統計檢定的步驟

有很多不同的原因促使我們在實驗、調查和檢驗等過程中蒐集目標群體資料，而其中之一便是根據手中資料進行判讀。舉例來說，想判斷產品A與B的性能優劣差異、想知道廣告是否真的能提升銷售量、想了解這項實驗條件是否能確實增加生產量……我們因各式各樣的目的而必須下判斷。在打算做出科學、客觀的判斷以達成這類目的時，就要施行統計檢定。

不過，無論在實驗或調查中有多小心謹慎地取樣，取出的樣本都必然會出現一些誤差。這稱為資料的變異性（Variability），由於是從本質上存在的特性，所以無法將其清零。另外，取出的樣本未必都能直接代表原群體。而且因為樣本量有各種限制，所以樣本數量不足的情況也時有所聞。但是，統計檢定會像這樣考慮到各種限制，並在機率上做出最終判斷。

① 假設的設立

統計檢定必須遵照既定的步驟進行。換言之，是針對目標群體建立假設，再以機率來判斷該假設是否成立。因此要運用以資料求得的統計量，確認採納或駁回所建立起來的假設。這種統計量也被稱為檢定統計量。

其檢定統計量的值若位於機率上目標事件幾乎不會發生的區域（此被稱為拒絕域），該假設就得被駁回。而該值若未處於拒絕域中，而是位在事件經常發生的區域（接受域），該假設就不會被駁回。判斷是否

被駁回的基準稱為顯著水準（Significant level）。一般來說，顯著水準多為0.05或0.01。然而，什麼樣的數值最適合並沒有什麼明確的依據，只能憑經驗來決定。

比方說試圖對「產品A和產品B的續航時間是否相等」進行統計檢定時，要先設立「產品A與B續航時間的平均數μ_A及μ_B相等」的假設H_0。在鑑定平均數μ_A與μ_B是否存在差距時，這種沒有統計學上的本質差異，也就是兩者平均數相等的假設是一種名為虛無假設（Null hypothesis, H_0）的假說。在此例中以「$H_0:\mu_A=\mu_B$」表示。如果虛無假設被駁回，就明確代表「虛無」的意思。統計檢定的目的是讓虛無假設被駁回。通常虛無假設都在肯定「其本質上並無不同」、「沒有什麼特別之處」的內容。

須注意的是，統計檢定的理論並非積極認同假設，而是著重在是否駁回假設上。因此，就算假設受到採納，也不能說該假設就完全正確。嚴格來說，這代表「不能說假設不正確」的意思。

與虛無假設相對的假說是對立假設（Alternative hypothesis, H_1）。在執行統計檢定時也要事先設立對立假設，這樣便能在虛無假設萬一遭到駁回時採用對立假設。

對立假設認為本質上的差異是存在的，以上面例子來說，就是假設兩個平均數不對等。對立假設的檢定目的有二： 一是單純比較雙方的不同，在此例上便是兩個平均數相異的事實，也就是在預設「$H_1:\mu_A\neq\mu_B$」之下進行的檢定；另一個則是預測雙方的大小關係，也就是在「$H_1:\mu_A<\mu_B$或$\mu_A>\mu_B$」下進行的檢定。這兩種檢定分別被稱為雙尾檢定（Two-sided test）及單尾檢定（One-sided test）。附帶一提，因為上述案例只是單純想要判斷兩個平均數是否相等，所以其對立假設屬於雙尾檢定。

② 檢定統計量的計算

檢定統計量會因應檢驗的內容而分成Z值或t值等數值。在上述案例中，我們會分別從產品A與B中取出多個樣本，並調查其續航時間。從所得數據計算平均數、標準差等統計量，進而求得檢定統計量，此例為Z的數值。

③ 判斷

依照檢定統計量的數值進行最後的判斷。在雙尾檢定上，在呈標

準常態分配的Z為檢定統計量時，如圖1a所示，其兩側存在顯著水準的區域——也就是拒絕域。當顯著水準5％時，單側各占2.5％的面積。此時Z的臨界值是1.96與−1.96，因此透過數據計算得出的Z值在1.2的時候並非位於拒絕域，但它呈2.2或−2.3時就會位於拒絕域內。另一方面，在單尾檢定中會因大小值偏向哪一邊而分成右尾檢定與左尾檢定兩種，此兩者分別對應圖1b和c。在顯著水準5％時，臨界值分別是1.65及−1.65。舉例來說，在右尾檢定上Z值等於1.4時不存在於拒絕域中，但該值等於1.8時就在拒絕域的範圍內。雖說左尾檢定的Z值為負數，但也是用同樣的方式判斷。

如果透過資料取得的檢定統計量位於顯著水準所設置的拒絕域時，就代表其具有本質上的差異，可駁回虛無假設。另一方面，要是檢定統計量沒有位於拒絕域中，則該假設就無法被駁回。然而在這種情況下，就像前面提到的，與其說是積極認同這份假設，不如說該解釋為無法反駁該假設，兩者之間沒有顯著差距。

由於統計檢定是以機率來做判斷，所以當然有一定的機率會出現偏誤，也就是發生誤差（Error）。檢定誤差有兩種。第一種誤差是資料沒有顯示出任何本質上的差異，但無論虛無假設是否正確，都駁回虛無假設（因發生機率屬於偶然，數值比顯著水準還小），這種錯誤稱為第一型誤差。是故發生此類誤差的機率等於顯著水準的數值。第二種誤差是資料顯示出本質上的差異，但不論對立假設是否正確都不駁回虛無假設，這種錯誤稱為第二型誤差。

那麼，接下來我們便以實際的例題來做檢定吧。

a. 雙尾檢定

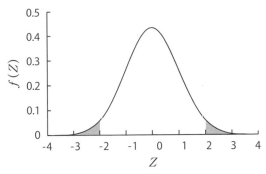

b. 單尾檢定（右尾檢定）

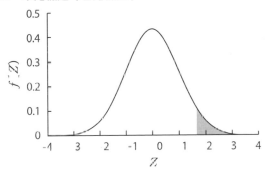

c. 單尾檢定（左尾檢定）

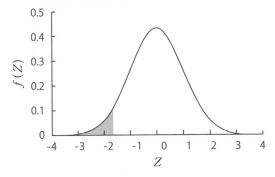

圖1　顯著水準與拒絕域

在呈標準常態分配的隨機變數 Z 的密度函數曲線對應到顯著水準（以5%來說）的區域上色標示。

在拋擲300次硬幣後出現了131次正面。請用顯著水準0.05分別檢定題目①與②。

1. 這個用來拋擲的硬幣是公正（沒有偏差）的嗎？
2. 能證明該硬幣很難拋出正面嗎？

解答 在檢定之前，必須先確認拋出硬幣正反面的事件呈何種分配。因為這個事件只有正反兩種，所以可將其認定為二項分配。如果是公正硬幣，則預測拋擲300次後出現正面的次數應為150次。由於這枚硬幣拋出的是131次，所以要透過檢定來判斷這個差距代表的意義。

1. 設拋出正面的機率為p，則拋擲公正硬幣的機率是$p=1/2$。因此虛無假設H_0為「$p=1/2$」，對立假設H_1則是「p並非$1/2$」，我們用顯著水準0.05進行雙尾檢定。在公正硬幣的條件下，拋擲300次並出現正面的次數可用二項分配Bi(300,1/2)來表示。因此，其平均數與變異數可計算為$np=300 \times (1/2)=150$，$np(1-p)=300 \times (1/2)(1-1/2)=75=8.66^2$。這裡的解題方式是一大重點。

以這個問題來說，試驗次數300次非常多，是故其分布狀況可近似於常態分配。也就是說，這枚硬幣拋出正面的次數（平均數跟變異數維持不變）呈$N(150,8.66^2)$分布。將這種分布狀況標準化，便能透過實際拋出正面的次數X算出下述統計量Z呈$N(0,1)$分布。此為這一題的檢定統計量。

$$Z = \frac{X-\mu}{\sigma}$$

這裡的$X=131$、$\mu=150$且$\sigma=8.66$，所以這枚硬幣的$Z=(131-150)/8.66=-2.19$。在雙尾檢定中，當顯著水準為0.05時，如圖1a所示，拒絕域是$Z>1.96$及$Z<-1.96$的區域，而$Z=-2.19$正位於該拒絕域中（圖2）。於是，駁回虛無假設，判定這枚硬幣並不公正（有所偏差）。

2. 用這枚硬幣拋出正面的次數的確小於平均數150。因此，針對「這枚硬幣是否很難拋出正面」這點從大小關係來考量

並檢定的話，則對立假設H₁為「$p<1/2$」。此時的檢定為單尾檢定，特別是這種情況下要檢定的是較小的數據，所以要用左尾檢定。檢定統計量Z跟①完全相同，故$Z=-2.19$。在左尾檢定中，當顯著水準為0.05時，拒絕域如圖1c所示，是$Z<-1.65$的區域。如下方圖3，$Z=-2.19<-1.65$位於拒絕域的範圍內，因此虛無假設遭到駁回，判定這枚硬幣的確很難擲出正面（容易擲出反面）。

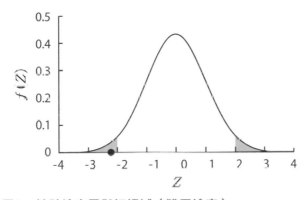

圖2　統計檢定量與拒絕域（雙尾檢定）
黑色圓點表示$Z=-2.19$的位置。圖中上色的區域則顯示拒絕域的範圍。

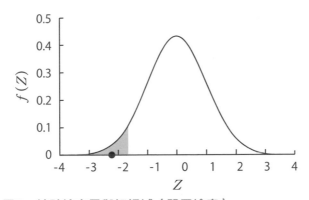

圖3　統計檢定量與拒絕域（單尾檢定）
黑色圓點表示$Z=-2.19$的位置。圖中上色的區域則顯示拒絕域的範圍。

第6章

統計檢定

這種利用呈標準常態分配的統計量來檢定的方法被稱為z檢定（z test）。在這道例題中，因事件呈二項分配而得以算出目標群體的平均數與變異數，同時由於試驗次數龐大而適用於常態分配，最後再進行標準化轉換並加以檢定。

此外，像這道題目一樣，從1個群體裡抽樣檢定的手法稱為單樣本假設檢定（One-sample hypothesis test）。各從2個群體抽樣檢定的方式則稱為二樣本假設檢定（Two-sample hypothesis test）。當然也有3個以上群體的檢定，但本書就不再詳述了。

測驗1

擲出300次骰子後，有42次骰出了5點。試問這顆骰子是否為公正骰子？請用顯著水準0.05做檢定，並填寫下方空格$\boxed{A}$到$\boxed{R}$。

以虛無假設來說，要考慮「這顆骰子是公正的」。也就是說，假設這顆骰子擲出5點的機率為p，H_0就是「$p=\boxed{A}$」，對立假設H_1則是「$p \neq \boxed{A}$」。因此要用雙尾檢定來檢定。拋擲300次並骰出5點的次數呈二項分配$Bi(\boxed{B}, \boxed{C})$。於是其平均數與變異數如下：

$$\mu = \boxed{D} \times \boxed{E} = 50 \qquad \sigma^2 = \boxed{F} \times \boxed{G} \times (1-\boxed{H}) = 41.67... \approx 6.45^2$$

另一方面，由於擲骰子的次數有$\boxed{I}$次之多，所以骰出目標值的次數X會呈現常態分配$N(\boxed{J}, \boxed{K}^2)$。因而進行下述標準化轉換後，其統計量$Z$呈$N(\boxed{L}, \boxed{M})$分布。

$$Z = \frac{X - \mu}{\sigma}$$

這顆骰子的$X=42$，所以$Z=(42-\boxed{N})/\boxed{O}=-1.24$。在標準常態分配上，兩側拒絕域$Z=\boxed{P}$以上與$Z=-\boxed{P}$以下範圍的面積和為5%。根據$-\boxed{P}<Z=-1.24$，如圖1a所示，$Z=-1.24$在拒絕域之外，因此虛無假設$\boxed{Q}$駁回。於是，這顆骰子被判定為$\boxed{R}$。

擲出300次骰子後，有55次骰出了5點。試問能否證明這顆骰子很容易骰出5點？請用顯著水準0.05進行檢定。

2. 母數的檢定

當目標群體為常態母體時，可進行與下列母數（母體平均數、母體變異數、母體比例）有關的檢定。此處分別將母數已知和未知的情況分開來考慮。此外，1個目標樣本（單樣本問題）跟2個目標樣本（二樣本問題）的情形也要分開討論。我們先把檢定中最常用的平均數分成這幾個狀況來做說明。

2.1. 平均數的相關檢定（單樣本）

在母體變異數已知的情況下，運用下面再度登場的第4章定理1執行標準化並予以檢定。

定理1 從呈常態分配 $N(\mu, \sigma^2)$ 的群體中隨機取出 n 個樣本，無論樣本量 n 是多或是寡，其樣本平均數皆會呈現常態分配 $N(\mu, \sigma^2/n)$。

例題2

昨天某個共有36名學生的班級進行了英文考試，結果成績平均數是67.8。假設每年這個考試都呈現平均分數70.1，標準差5.9的常態分配，那昨天考試的平均數是否與平時的數值不同？請以顯著水準5％檢定之。

解答　設立虛無假設 H_0 為「昨天的成績平均數與平常的平均數（即母體平均數）相等」。因為是檢查判定其中是否存在差異，所以要採用雙尾檢定。套用定理1後，下述檢定統計量 Z 呈 $N(0,1)$ 分布。

$$Z = \frac{\overline{X} - \mu}{\sigma / \sqrt{n}}$$

計算該統計量，得出Z=(67.8−70.1)/(5.9/√36)=−2.34。Z=−2.34<−1.96，所以Z在5％的拒絕域內。結果，假設被駁回，兩者的確存在顯著差異，因此判斷昨天的平均數與平時的平均數不一樣。

Excel ▶ 形成這次的平均數及其以下數值的機率可透過函數＝NORM.S.DIST(−2.34,TRUE)計算，結果是0.00964。（此數值便是後面將提到的p值。）

測驗3

昨天某個共有36名學生的班級進行了數學考試，結果成績平均數是68.2。假設每年這個考試都呈現平均分數70.1，標準差8.9的常態分配，那可以證明昨天考試的平均數低於平時的數值嗎？請以顯著水準5％檢定之。

在實際的實驗與調查中，母體變異數已知的情況相當稀有。在母體變異數未知的情況下，藉由作為估計量的不偏樣本變異數 U^2 進行 t 檢定。也就是說，利用下面再次登場的第4章定理3。不過，這邊是將樣本變異數替換成不偏樣本變異數。

定理3 　若隨機從常態母體N(μ, σ^2)取出樣本量 n 的樣本，並取其樣本平均數及樣本變異數，則下方的 T 將呈現自由度 $n-1$ 的 t 分配。

$$T = \frac{\sqrt{n}(\overline{X} - \mu)}{U}$$

　　昨天從某間養雞場中隨機挑出31顆雞蛋，並測量每顆雞蛋的重量，結果其平均數為64.8g，不偏標準差則是6.8。假設平常這間養雞場的平均數會呈現61.3g的常態分配，試問昨天的平均數是否偏離平常的數值？請以顯著水準5％檢定之。

解答　設立虛無假設H_0為「昨天的平均數與平常的平均數相等」。以定理3計算T值可得$T=\sqrt{31}\times(64.8-61.3)/6.8$ $=2.87$。此問題要用雙尾檢定進行，所以透過t分配表查出在顯著水準5％、自由度30的條件下，單尾各為2.5％的$T<-2.042$且$2.042<T$。因為$2.042<T=2.87$，所以我們知道這個數值位於拒絕域內。因此，假設被駁回，可證明昨天與平常的平均數有著顯著的差距。

Excel▶　如下圖所示，運用函數＝T.DIST.RT，算出形成該數值及其以上數值的機率（p值）為0.00372…。

函數引數　　　　　　　　　　　　　　　　　　　　　？　　✕

T.DIST.RT

　　　　X　[2.87]　⬆　＝ 2.87

Deg_freedom　[30]　⬆　＝ 30

　　　　　　　　　　　　　　＝ 0.003726771

傳回右尾 Student's 式 T 分配值

　　　　　Deg_freedom　為一正整數，表示分配的自由度。

測驗4

　　從某間養雞場昨天的雞蛋裡隨機挑出31顆，並測量每顆雞蛋的重量，結果其平均數為64.8g，不偏標準差則是8.5g。假設平常這個養雞場的平均數會呈現62.3g的常態分配，那是否能證明昨天的平均數大於平常的數值？請以顯著水準5％做檢定，並填寫下一頁的空格A到E。

設立虛無假設H_0為「昨天的平均數與平常的平均數相等」。套用定理3計算T值，得出$T=\sqrt{\boxed{A}} \times (64.8 - \boxed{B})/\boxed{C}=1.64$。因為是查證雙方的大小關係，所以要採用單尾檢定。從t分配表可知，在顯著水準5%，自由度$\boxed{D}$的條件下，拒絕域是$\boxed{E}<T$（雙尾檢定則是以顯著水準10%來算）。因為$T=1.64<\boxed{E}$，所以我們知道這個數值不在拒絕域內。因此，假設未被駁回，可判斷昨天的平均數並不比平時高。

2.2. 平均數的相關檢定（二樣本）

對於從母體變異數已知的2個常態母體群取出的樣本，可檢定其母體平均數的差。也就是說，從一個群體$N(\mu_x, \sigma_x{}^2)$裡抽出樣本量m的樣本，並設其樣本平均數為$\overline{X}$。同樣地，從另一個群體$N(\mu_y, \sigma_y{}^2)$中提取樣本量n的樣本，並設其樣本平均數為$\overline{Y}$。$\overline{X}$和$\overline{Y}$的差$\overline{X} - \overline{Y}$屬常態分配的疊加（線性組合），呈$N(\mu_x - \mu_y, \sigma_x{}^2/m + \sigma_y{}^2/n)$分布。這裡的變異數是各個變異數的和，還請多加留意。倘若用平均數和變異數進行標準化轉換，下面的統計量Z會呈現$N(0,1)$分配。

$$Z = \frac{(\overline{X} - \overline{Y}) - (\mu_x - \mu_y)}{\sqrt{\sigma_x{}^2/m + \sigma_y{}^2/n}} \tag{1}$$

在各個變異數已知的情況下，設立$\mu_x - \mu_y = 0$為虛無假設。接著把$\overline{X}$與$\overline{Y}$、$\sigma_x{}^2$與$\sigma_y{}^2$的值代入公式(1)中計算Z值。假如顯著水準是5%（雙尾檢定），則透過在$N(0,1)$上的拒絕域和Z值來檢定。

例題4

假設有機械A和機械B，根據以往的資料可知，分別利用這兩台機械製造的產品，其強度（kg重）的標準差是3.6和4.2。從雙方上週製造的產品中各抽出30個樣本並測量其強度，結果平均數為251和248。請用顯著水準5%檢定機械A和B所製造的產品，看看其平均強度是否相等。

解答　設立虛無假設為「機械A與B製造的產品強度平均數相等，也就是$\mu_A - \mu_B = 0$」。接著把$\overline{X}$與$\overline{Y}$、$\sigma_x{}^2$與$\sigma_y{}^2$的值代入公式(1)中計算Z值。

$$Z = \frac{251-248}{\sqrt{3.6^2/30+4.2^2/30}} = \frac{3}{\sqrt{1.02}} = 2.97$$

此例為雙尾檢定，所以拒絕域是$z<-1.96$及$1.96<z$。由於$1.96<z=2.97$在拒絕域範圍內，因此虛無假設遭到駁回，判定機械A與B做出來的產品強度平均數相等。

測驗5

假設有機械A和機械B，根據以往的資料可知，分別利用這兩台機械製造的產品，其重量（g）的標準差為7.6和9.2。從雙方上週製造的產品中各取出40個樣本並為其測重，結果平均數是991和988。機械A製造的商品，其平均重量是否大於機械B所製造的商品？請用顯著水準5％檢定之，並填寫下方空格Ⓐ到Ⓖ。

設立虛無假設為「機械A與B製造的產品平均重量相等，也就是$\mu_A-\mu_B=0$」。接著把$\overline{X}$與$\overline{Y}$、$\sigma_x{}^2$與$\sigma_y{}^2$的值代入公式(1)中計算Z值。

$$Z = \frac{991 \boxed{A}}{\sqrt{\boxed{B}^2/\boxed{C}+9.2^2/\boxed{D}}} = \frac{3}{\sqrt{3.56}} = 1.59$$

因為此題是檢定雙方的大小關係，所以要用單尾（Ⓔ尾）檢定進行。在顯著水準5％之下，拒絕域的範圍是$z>$Ⓕ。根據$z=1.59<$Ⓕ，得知Z在拒絕域Ⓖ，假設未被駁回，因此不能說機械A所製造的產品平均重量大於B。

在實驗與調查上，已知目標對象群體的變異數的情況極少。在2個母體的變異數未知的情況下，若其數值被認定相等，便能檢定其母體平均數的差。換言之，假設我們分別從2個常態母體之中提取樣本量m與n的樣本，並取得了樣本平均數$\overline{X}$和$\overline{Y}$，還有不偏樣本變異數$U_x{}^2$和$U_y{}^2$的值。經由後面提到的檢定，已知2個群體的母體變異數相等，下方的T呈自由度$m+n-2$的t分配。

$$T = \frac{(\overline{X}-\overline{Y})-(\mu_x-\mu_y)}{\sqrt{\left(\frac{1}{m}+\frac{1}{n}\right)U^2}} \tag{2}$$

這裡的 U^2 由 2 個不偏樣本變異數定義為下列算式。

$$U^2 = \frac{(m-1)U_x^2 + (n-1)U_y^2}{m+n-2} \tag{3}$$

以該統計量 T 來做檢定，也就是進行 t 檢定。這種檢定稱為二樣本 t 檢定。

此外，在 2 個母體的變異數未知時，若不能確定其數值相等，則採用 Welch 檢定（Welch's test）來檢定這 2 個平均數。

例題 5

　　從工廠 A 生產的產品 B 裡隨機選出 10 件，並測量其使用壽命後，發現平均數為 533 天，不偏標準差則是 4.95 天。同樣從 C 產品中隨機取出 11 件並測量其壽命，得知平均數為 551 天，不偏標準差為 7.03 天。假設兩種產品的壽命呈常態分配，那麼其壽命的平均數是否存在差異？請以顯著水準 5％ 檢定之。

解答　　將從產品 B 和 C 中挑出的樣本使用壽命變異數（如後文所述，2 個變異數並不存在明顯的差異）視為相等，建立虛無假設「兩者平均數相等」。利用公式⑵計算隨機變數 T：

$$T = \frac{(533-551)}{\sqrt{\left(\dfrac{1}{10} + \dfrac{1}{11}\right)U^2}}$$

透過公式⑶計算 U^2：

$$U^2 = \frac{(10-1) \times 4.95^2 + (11-1) \times 7.03^2}{10+11-2} = \frac{714.7}{19} = 37.6$$

因此，

$$T = \frac{(533-551)}{\sqrt{\left(\dfrac{1}{10} + \dfrac{1}{11}\right) \times 37.6}} = \frac{-18}{2.68} = -6.72$$

T 呈現自由度 10＋11－2＝19 的 t 分配，同時此例題想檢定的是兩者的差，所以採雙尾檢定進行。因而，在顯著水準 5％ 下的拒絕域為 $t < -2.09$ 以及 $2.09 < t$。依

$t=-6.72<-2.09$可知T位於拒絕域內,虛無假設遭到駁回。換言之,這兩種產品的使用壽命是有差異的。

2.3. 平均數的相關檢定(樣本成對時)

檢定2個群體的平均數時,有時會出現與該群體能夠互相對應的情況。比方說,給患有高膽固醇血症的病人服用藥品D,比較服用前血液中的膽固醇濃度和服用一段時間後血液中的膽固醇濃度以觀察藥品D的藥效。這次的樣本是病人給藥前和給藥後的一組測定值,而兩者的差是我們要檢定的對象。即運用大量病人的成對數據來檢定膽固醇濃度的平均差。

對於這種成對樣本(Paired samples),檢定時取每個個體之間的差,並設立「兩者之差d的平均數為0」的虛無假設。接著用t分配檢定d值。實際的檢定方法將在本章後面說明。

■ **參考** ■ **變異數的相關檢定** ························

這裡要用不偏樣本變異數U^2進行卡方檢定,為此採下述定理4計算。不過,這邊是將樣本變異數替換成不偏樣本變異數。

> **定理4** 「從呈$N(\mu, \sigma^2)$分布的常態母體中隨機大量取出樣本量n的樣本時,下列函數Z呈自由度$n-1$的卡方分配。」
>
> $$Z = \frac{(n-1)U^2}{\sigma^2}$$

　　　從某間養雞場昨天撿拾的雞蛋中隨機選出31顆，並測量每顆雞蛋的重量，結果其平均數為64.8g，不偏標準差則是6.8g。通常這間養雞場的標準差是6.3g。昨天的不偏標準差是否偏離了平時的數值？請以顯著水準5％檢定之。

解答　以虛無假設假定H_0為「昨天的標準差等於平時（母體標準差）的數值」。依據定理4來計算Z值，則$Z = (31 - 1) \times 6.8^2/6.3^2 = 35.0$。以自由度30，顯著水準5％查閱卡方分配表，得知拒絕域為43.8以上的範圍。因為$Z = 35.0 < 43.8$，所以假設未被駁回。因此，不能認定昨天的標準差偏離了平時的數值。

　　　在2個群體變異數比例的檢定上，會先從2個常態母體中取樣，建立假設「2個群體的變異數相等」後再行檢定。當2個變異數相等時，下方所示的定理5便得以成立。在此對求得的X值進行F檢定。

定理5　「在分別從變異數相等的2個常態母體中隨機大量取出樣本量m與n的樣本$X_1, X_2, \cdots, X_m$及樣本$Y_1, Y_2, \cdots, Y_n$，並設立其不偏樣本變異數U_m^2和U_n^2時，下方的X呈自由度$(m-1, n-1)$的F分配。」

$$X = \frac{U_m^2}{U_n^2}$$

例題7

　　　從工廠A生產的產品B裡隨機選出10件，並測量其使用壽命後，發現平均數為533天，不偏標準差則是4.95天。同樣從C產品中隨機取出11件並測量其壽命，得知平均數為551天，不偏標準差為7.03天。假設兩種產品的壽命呈常態分配，那麼是否能夠證明這2個變異數相等？請以顯著水準2％檢定之。

解答　這題是檢定平均數時解說過的問題。設立虛無假設為
「產品B與C使用壽命的變異數相等」。對立假設則是
「產品B與C使用壽命的變異數不相等」，採雙尾檢定
進行。以$X=4.95^2/7.03^2=0.496$計算上述定理5的X。
因為顯著水準是2％，所以要分別在F分配曲線兩端計
算1％的拒絕域。也就是說，在下面的示意圖（上色區
域分別相當於1％的面積）中，求機率為1％及99％的
值x_1與x_2，其機率由X的正無限大開始累計。查閱F分
配表得知$x_1=F_{9,10}(1％)=4.94$且$x_2=F_{9,10}(99％)=0.190$，
因此拒絕域為$X<0.190$及$4.94<X$。但因為$F_{9,10}(99％)$
不在F分配表上，所以要運用下列關聯性計算：
$F_{9,10}(99％)=1/F_{9,10}(1％)=1/5.26=0.190$。透過資料
取得的$X=0.496$不屬於拒絕域的範圍，所以假設不會被
駁回，即無法證明其母體變異數不相等。

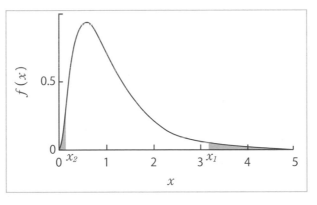

2.4. 比例的檢定

假設如第5章〈母體比例的估計〉所述，從母體比例為p的群體中
提取樣本。倘若對取出的各個樣本預測其隨機變數X，陽性為1，陰性
則是0，那麼X將呈柏努利分配，其平均數為p，變異數是$p(1-p)$。

取樣 n 個個體，求 X 的樣本平均數（此為樣本比例）$\overline{X}$ 如下：

$$\overline{X} = \frac{X_1 + X_2 + \cdots + X_n}{n} \tag{4}$$

根據中央極限定理，要是 n 相當龐大，$\overline{X}$ 的分布情況便近似於平均數 p、變異數 $p(1-p)/n$ 的常態分配。因此，關於其樣本比例 $\overline{X}$，可認為在標準化轉換後，統計量 Z 呈現常態分配 $N(0,1)$，如下方算式。

$$Z = \frac{\overline{X} - p}{\sqrt{p(1-p)/n}} \tag{5}$$

將各項數值代入此算式，再用算出來的 Z 值進行比例的檢定。

例題8

　　依據遺傳法則所述，某種植物在交配後開出黃花和白花的比例是 3：1，實際種植的結果是開出271朵黃花與79朵白花。試問這個結果是否與遺傳法則互相矛盾？請以拒絕域5％檢定之。

解答　將「此結果符合遺傳法則」立為虛無假設。若把開黃花的比例設為 p，則 p 為 $3/(1+3)=0.75$。由於其樣本量 $n=271+79=350$，數量夠大，因此可認為公式⑸的 Z 呈 $N(0,1)$ 分配。計算得知樣本比例 $\overline{X}$ 為 $271/350=0.774$。把各項數值代入公式⑸，可得：

$$Z = \frac{0.774 - 0.75}{\sqrt{0.75(1-0.75)/350}} = \frac{0.024}{0.0231} = 1.04$$

查閱常態分配表，就能發現雙尾檢定5％的拒絕域是 $z < -1.96$ 及 $z > 1.96$，$z=1.04$ 不在拒絕域的範圍內。因此，可判斷這個結果與遺傳法則並不矛盾。

某項政策的民意調查結果顯示，贊成和反對的比例為55：45。其中地區M的280人裡有135個人贊成。該地區M的贊成比例跟全體民意調查的比例是否不同？請以拒絕域5％檢定之，並填寫下方空格$\boxed{A}$到$\boxed{I}$。

設立虛無假設為「地區M的贊成比例等於全體民意比例」。設全體民意的贊成比例為p，則$p=\boxed{A}$。另一方面，算出地區M的比例$\overline{X}$為$\boxed{B}$/$\boxed{C}$=0.482。M區有280人，人數頗多，因此可認為公式(5)的Z呈$N(\boxed{D}, \boxed{E})$分配。將各項數值代入公式(5)，得到$Z=-2.29$。從常態分配表來看，雙尾檢定5％的拒絕域是$z<-\boxed{F}$和$z>\boxed{G}$，所以依據$z=-2.29<-\boxed{F}$，Z在拒絕域的範圍$\boxed{H}$。因此判斷地區M與全體民意的比例$\boxed{I}$。

另一方面，極少發生的事件，其能當目標對象的比例也非常小，所以計算時可能會用波氏分配取代上面的柏努利分配。當試驗次數或樣本量n夠多時，亦可套用常態分配來做z檢定。換言之，若設母體比例為p，並以公式(5)上的標準化樣本平均數來考量時，下述統計量Z將呈常態分配$N(0,1)$。

$$Z = \frac{\overline{X}-p}{\sqrt{p/n}} \tag{6}$$

上述公式亦能從「公式(5)右側算式的分母p無限趨近於0時，$1-p$也會無限趨近於1」這一點推算出來。我們可以用這個Z值來做檢定。

已知產品A的不良率為0.0016，此時調查250件同批樣品，結果有2件不合格。試問這批產品的檢驗結果是否與產品A的不良率一致？請將拒絕率設為雙尾5％。

解答　將「該批產品的不良率是0.0016」立為虛無假設。由於樣本量多達250個，故可認定公式(6)的Z值呈$N(0,1)$分配。藉此計算$z=(2/250-0.0016)/\sqrt{0.0016/250}=2.53$，由常態分配表可知，在標準常態分配的雙尾檢定上，5％的

第6章　統計檢定

> 拒絕域是$z<-1.96$和$z>1.96$，$1.96<z=2.53$位於拒絕域內，於是判定該批次的不良率異於正常值。

測驗7

已知產品B平時的不良率是0.0022，此時調查270件同批樣品，結果有2件不合格。是否能說此結果的不良率比產品B還高？設拒絕率為雙尾5％。請填寫下方空格Ⓐ到Ⓕ。

該批產品的不良率為$2/270=$Ⓐ，比平時的不良率0.0022還高。先將「該批產品的不良率等於0.0022」立為虛無假設。由於樣本量多達270個，故可認定公式(6)的Z值呈$N($Ⓑ$,$Ⓒ$)$分配。在此計算$z=($Ⓐ$-0.0022)/\sqrt{\text{Ⓓ}/\text{Ⓔ}}=1.83$。在此題中，樣本比例高於母體比例，因為是檢定兩者的大小關係，所以採單尾（右尾）檢定進行。從常態分配表查出右尾5％的拒絕域為$z>$Ⓕ，因此Ⓕ$<z=1.83$，代表該值位於拒絕域內，可判斷該樣本的不良率高於平時的數值。

3. 用統計軟體做統計檢定

到目前為止，我們已經說明了欲分析群體的平均數、變異數和比例相關的檢定法。我想各位應該知道，愈是由大量數據構成的樣本，實際檢定時就愈需要大量的計算。因此，在做這種龐大計算的時候必然少不了統計專用軟體。這裡我們用大多數人都曾經操作過的Microsoft Excel來說明統計檢定的步驟和要點。

在此先解說2個群體的平均數檢定，這項數值對於在實驗或調查中進行檢定有相當高的必要性。此外，因為現實群體的母體變異數多半未知，所以會先解說一下這種情況。

3.1. 2個不成對群體的平均數

在分別從不成對的2個群體中隨機取樣時，通常各項資料之間不會有什麼對應關係。舉例來說，在2個群體裡編號同為No.36的個體，它們彼此一般來說毫無關聯。我們來試著檢定一下這2個不成對群體的平均數。

在實驗或調查中，如果樣本量夠大（$n > 30$），就算母體變異數未知，也可以把「取自各個樣本的平均數皆呈常態分配」視為真實，並藉此執行z檢定。請透過下面的例題來思考看看。

例題10

隨機蒐集各製造廠關於A與B兩種起司的產品，起司A為36個，B則為34個，並檢測其鹽度（重量百分比）。結果A的樣本平均數和不偏樣本變異數分別為2.04和0.126，B的則是1.75和0.113。試問A與B的鹽度平均數是否有顯著差異？請以顯著水準5％檢定之。

解答　設立虛無假設為「起司A與B的平均鹽度相等」。因為2個群體的樣本量都很多，所以可依中央極限定理認定A和B的樣本平均數分布狀況分別呈常態分配N(2.04, 0.126/36)及N(1.75, 0.113/34)。因此，按照常態分配的線性組合理論，這2個平均數的差呈常態分配N(2.04－1.75, 0.126/36＋0.113/34)，也就是N(0.29, 0.0826^2)。接著，將常態分配進行標準化轉換，算出Z＝(0－0.29)/0.0826＝－3.51。由於兩側顯著水準加起來是5％，所以拒絕域等於常態分配表上$Z < -1.96$和$Z > 1.96$的區域。$Z = -3.51 < -1.96$，Z值在拒絕域內，所以假設被駁回。因此，可判斷這兩種起司的平均鹽度存在差異，換句話說便是「具顯著差異」。

雖然可以依循例題10的步驟進行z檢定，但其實用Excel便能在以下步驟中瞬間完成統計分析（Ex6-1 z test）。

首先，如下表所示，在Excel工作表裡輸入資料數據。前述下載檔案已把2組資料以直欄形式輸入表中。資料建議以直欄的方式輸入，這也是考量到資料非常龐大（以及使用免費統計分析軟體R軟體）時的情況。

資料的輸入（摘錄）

A	B
2.7	2.4
2	1.3
1.8	2.2
1.5	1.7
2	1.9
2.3	1.4

點擊Excel中「資料」的索引標籤，再選擇「資料分析」（沒有「資料分析」時，請檢查下方參考資料的操作）。

■　**參考**　■　　**在Excel中新增「分析工具箱」增益集的方法**

在Excel上進行各種資料分析時會用到「分析工具箱」的功能。必須啟用這個增益集才能使用「分析工具箱」。為此，一開始要先選Excel的「檔案」索引標籤，再點擊左下角的「選項」。接下來如圖4所示，①在「Excel選項」頁面中選擇「增益集」。②然後從停用的應用程式增益集裡選定「分析工具箱」，③再點一下「執行」。

圖4　新增「分析工具箱」增益集①

之後跳出圖5的對話框，在勾選「分析工具箱」後點擊「確定」。附帶一提，在第8章用到規劃求解功能時，也要勾選「規劃求解增益集」。

圖5　新增「分析工具箱」增益集②

接著如下圖般選定「z-檢定」。

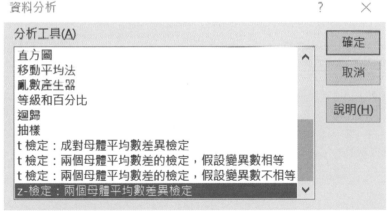

圖6　選定「z-檢定」

然後會像圖7這樣跳出輸入資料的對話框，所以要在裡頭輸入變數1跟變數2的範圍（此指儲存格）、假設的均數差（因虛無假設而為0）、變數1與2之變異數（此為不偏樣本變異數）還有輸出範圍（此指儲存格）。a($\underline{A}$)這欄則輸入顯著水準（此為0.05）。此外，不偏樣本變異數可用Excel函數＝VAR.S（儲存格範圍）算得。

圖7　輸入對話框（*z*-檢定）

　　輸入完，檢定結果會馬上像圖8這樣顯示在輸出範圍中。雖然表上顯現出各種分析結果，但這裡重要的項目是「z」、「P(Z<=z) 雙尾」和「臨界值：雙尾」。z＝3.53…跟上述計算值3.51略有不同，原因應該是計算過程中的捨入誤差。因為這題做的是雙尾檢定，所以z臨界值兩端是1.96。另外，P(Z<=z)稱為p值（p value），表此次z＝3.53以上（或以下）極端值出現的機率。這次因為是雙尾檢定，所以z＝3.53以上的機率（0.00021）和z＝－3.53以下的機率（0.00021）加起來的p值等於0.00041。由於這個值非常小，因此z＝3.53這個值有一定的可靠性。

z檢定：兩個母體平均數差異檢定		
	變數 1	變數 2
平均數	2.04167	1.75
已知的變異數	0.126	0.113
觀察值個數	36	34
假設的均數差	0	
z	3.53087	
P(Z<=z) 單尾	0.00021	
臨界值：單尾	1.64485	
P(Z<=z) 雙尾	0.00041	
臨界值：雙尾	1.95996	

圖8　檢定結果（z-檢定）

測驗8

　　某所高中一年級的C班和D班（均為36人）進行了地理考試（滿分
20分）。請利用顯著水準5％檢定C和D的平均數是否有顯著差異。
相關資料請下載檔案Ex6-2 z test。

■　**參考**　■　　**p值** ···

　　所謂的p值，指的是在假設對象變數為0時，出現一個高於取得值（負
數則是低於）的極端值的機率。這個數值也被稱為顯著水準，是很有用的
資訊。以上面的例題來說，就是在虛無假設將z設為0時，其呈現3.53以上
的機率。用函數＝1－NORM.S.DIST(3.53,TRUE)也可以算出p值為
0.00021（但此值為單尾）。當p值小於既定顯著水準（例如0.05）時，可
將其視為駁回虛無假設的依據。反之，要是p值較大，則將其看作不駁回
虛無假設的根據。然而，即使是同樣的2個群體，p值也會因取樣的樣本量
差異而有所變化，所以請小心不要太過相信這個值。

···

　　實際上也有很多不成對樣本的樣本量不夠大的狀況，這時就要進行
t檢定。以此種情況來說，在做t檢定之前，必須先判斷2個群體的變異
數是否相等。

在某所國中三年級的A班和B班舉辦內容完全相同的英文考試，然後從每個班級裡隨機挑出9個人並調查他們的成績。我們是否可以證明A班的平均分比B班低？請以顯著水準5％檢定之。相關數據在檔案Ex6-3 t test裡。

解答　每個樣本量都不到30，是故這個檢定要做t檢定。剛開始先用F檢定確認取自這兩班的樣本變異數是否相等。若兩變異數相等，就建立虛無假設──此處是以單尾1％來檢定顯著水準。

　　　　Excel中的步驟如下圖所示，在分析工具箱裡選擇「F-檢定：兩個常態母體變異數的檢定」。

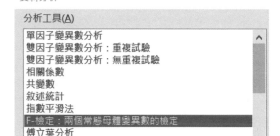

其次，在下方圖片顯示的對話框裡輸入資料。這邊將顯著水準設為單側0.01。

檢定結果如下圖，兩變異數的比是1.078⋯，這個值不
但趨近於1，也比臨界值6.02⋯還小，未進入拒絕域的
範圍內，p值亦顯示出0.458⋯的高值，因此可判定這2
個變異數相等。

F 檢定：兩個常態母體變異數的檢定		
	變數 1	變數 2
平均數	73	80
變異數	65	60.25
觀察值個數	9	9
自由度	8	8
F	1.07884	
P(F<=f) 單尾	0.45858	
臨界值：單尾	6.02887	

接下來要對兩者的樣本平均數進行 t 檢定。虛無假設是
設定「兩者沒有差異」。因為題目是檢定數值是否更
低，所以採用單尾（左尾）檢定。在Excel的「資料分
析」裡選擇下圖中的「t 檢定：兩個母體平均數差的檢
定，假設變異數相等」。

資料分析

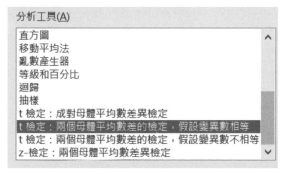

只要在彈出的輸入對話框裡輸入資料，就會出現下一頁
的表所展示的檢定結果。t統計的值 −1.87⋯比臨界值
單尾的 −1.745⋯還小，位於拒絕域內。因此虛無假設
遭到駁回，判定A班的平均分數低於B班。p值也只有

0.03948，不到0.05。

t檢定：兩個母體平均數差的檢定，假設變異數相等

	變數1	變數2
平均數	73	80
變異數	65	60.25
觀察值個數	9	9
Pooled變異數	62.625	
假設的均數差	0	
自由度	16	
t統計	−1.87642	
P(T<=t) 單尾	0.03948	
臨界值：單尾	2.235358	
P(T<=t) 雙尾	0.078959	
臨界值：雙尾	2.583487	

測驗9

在某所國中三年級的C班和D班舉辦完全相同的英文考試，再從每個班級裡隨機挑出9個人並調查他們的成績。試問能否證明C班的平均分跟D班並無差距？請以顯著水準5％檢定之。相關數據請下載檔案 Ex6-4 t test。

對取自2個群體的樣本做F檢定以確認雙方的變異數是否相等，當結果為拒絕而判定不相等時，則使用前述的Welch檢定來做平均數的檢定。

例題12

在某所高中男校中，分別從三年A班與B班的學生裡任意選出10人及12人並測量其身高。試問A班學生的平均身高是否比B班學生的平均身高矮，請以顯著水準5％檢定之。相關數據請下載檔案Ex6-5 t test。

解答　由於每個班的樣本量都不到30，所以這個檢定要做 t 檢定。開頭先設立「A班和B班學生的變異數之間沒有差異」的虛無假設（顯著水準：單尾1％）。若和上面的例題11一樣使用Excel的 F 檢定進行，就會得到下列檢定結果。兩者的變異數比是0.214…，大幅偏離數值1，其數字也比臨界值單尾的0.193…還大，位於拒絕域範圍內。因此無法證明這2個變異數相等。

F檢定：兩個常態母體變異數的檢定

	變數 1	變數 2
平均數	167.9	171.583
變異數	29.4333	137.356
觀察值個數	10	12
自由度	9	11
F	0.21428	
P(F<=f) 單尾	0.01418	
臨界值：單尾	0.19313	

為此，平均數的檢定要使用Welch檢定，換言之就是Excel裡像下圖這種假設變異數不相等的 t 檢定。因為此題要比較大小關係，所以選用單側檢定。

資料分析

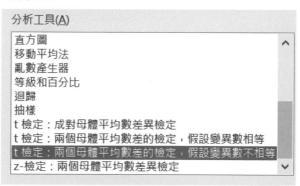

分析工具(A)

```
直方圖
移動平均法
亂數產生器
等級和百分比
迴歸
抽樣
t 檢定：成對母體平均數差異檢定
t 檢定：兩個母體平均數差的檢定，假設變異數相等
t 檢定：兩個母體平均數差的檢定，假設變異數不相等
z-檢定：兩個母體平均數差異檢定
```

在彈出的輸入對話框裡輸入資料後，即刻顯示檢定結果如下。在拒絕域為顯著水準5％的單尾檢定中，因為是負數，所以$t<-1.74\cdots$。$t=-0.971$大於臨界值，由於不在拒絕域之內，因此虛無假設不會遭到駁回。故判定無法證明A班學生的平均身高比B班的平均身高矮（沒有顯著差異）。

t檢定：兩個母體平均數差的檢定，假設變異數不相等

	變數1	變數2
平均數	167.9	171.5833
變異數	29.43333	137.3561
觀察值個數	10	12
假設的均數差	0	
自由度	16	
t統計	−0.97099	
P(T<=t) 單尾	0.173002	
臨界值：單尾	1.745884	
P(T<=t) 雙尾	0.346003	
臨界值：雙尾	2.119905	

測驗10

今天養雞場C和D送來一些雞蛋，從這些雞蛋裡各取出10顆並測量其重量（g）。試問養雞場C跟D的雞蛋平均重量是否有差距？請以顯著水準5％檢定之。相關數據請下載檔案Ex6-6 t test。

3.2. 2個成對群體的平均數

關於成對群體的平均數，我們可以用下面的例題來釐清思路。

例題13

給10名患有高膽固醇血症的病人服用某種藥品並調查其效果。該藥品給藥前後的膽固醇濃度（mg/dl）如Excel檔Ex6-

7 t test paired所示。試問可否認定該藥品具有使膽固醇濃度下降的效果？請以顯著水準5％檢定之。

解答　因為10名患者用藥前後的膽固醇濃度互相對應，所以虛無假設設立成「給藥前後的膽固醇濃度（mg/dl）平均數並無差別」。換言之，就是設定「給藥前的平均濃度減去給樂後的平均濃度後的數值將為0」。另外，由於檢定的是治療成效，是故對立假設設為「給藥後膽固醇濃度（mg/dl）的平均數降低」，並進行單尾檢定。倘若將每位病人給藥前的濃度減去給藥後的濃度，並以計算結果從第一名病人開始排序可得9、7、……、5（mg/dl）共10人份的數據。然後求取樣本平均數$\overline{X}$與不偏樣本標準差U，算出9.7和6.77。從這些數值得知，下方的檢定統計量T因上述定理3而呈t分配。這裡的$\mu = 0$。T值算出來是4.53。

$$T = \frac{\sqrt{n}(\overline{X} - \mu)}{U}$$

根據t分配表，查出自由度10－1＝9、顯著水準5％（單尾）的拒絕域是t值在1.83以上和－1.83以下的範圍，由於1.83＜T＝4.53，可見該檢定統計量T位在拒絕域內。因此，這個假設被駁回，同時判定該藥品確實有效。

若用Excel的分析工具箱對其進行檢定，則操作如下。如下圖先選擇「t檢定：成對母體平均數差異檢定」。

資料分析

分析工具(A)

直方圖
移動平均法
亂數產生器
等級和百分比
迴歸
抽樣
t 檢定：成對母體平均數差異檢定
t 檢定：兩個母體平均數差的檢定，假設變異數相等
t 檢定：兩個母體平均數差的檢定，假設變異數不相等
z-檢定：兩個母體平均數差異檢定

在彈出的輸入視窗裡輸入資料後，軟體就會馬上呈現如下結果。t統計的值跟上面算出的值同為4.53⋯，比臨界值單尾的1.83還大，位於拒絕域範圍內。p值也只有0.00071，數值非常小。

t檢定：成對母體平均數差異檢定

	變數1	變數2
平均數	198.2	188.5
變異數	153.511	122.278
觀察值個數	10	10
皮耳森相關係數	0.83937	
假設的均數差	0	
自由度	9	
t統計	4.53306	
P(T<=t) 單尾	0.00071	
臨界值：單尾	1.83311	
P(T<=t) 雙尾	0.00142	
臨界值：雙尾	2.26216	

測驗11

對12名高血壓病患施以某種飲食療法。請根據飲食療法前後收縮壓的測量值（mmHg），用顯著水準5％檢定此療法是否有效。測量數據請下載檔案Ex6-8 t test paired取得。

以上，總結利用統計軟體說明這2組資料的平均數檢定步驟如右頁圖9。

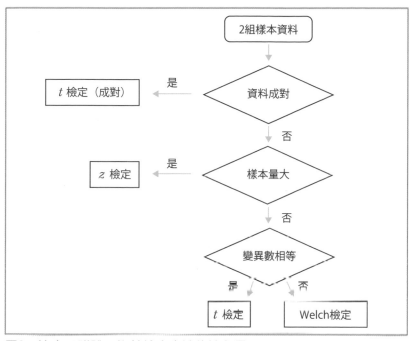

图9　決定兩群體平均差檢定方法的流程圖

■　　參考　　■　　標準差與標準誤 ……………………………………

　　在各種條件下經由實驗或調查取得的資料通常會用平均數來呈現（如上所述，比例也是用1與0表示結果時的平均數）。標準差（Standard deviation, SD）的正確名稱是藉由樣本算出來的不偏標準差，不過這裡我們僅稱其為標準差SD。該值顯示在一定條件下，各項實測數據在平均數周圍的分散程度。與之相對的術語為標準誤（Standard error, SE），這是用標準差除以樣本量的平方根求出的值$SD/\sqrt{n}$，我們以它來表示平均數的估計區間。

　　選擇採標準差還是標準誤取決於計算的目的。圖10a為某組樣本（$n=30$）的測量結果。計算之後，平均數$\overline{X}$是29.7，表示平均數附近分散狀況的標準差SD則是1.8。以此結果為基礎，便能運用標準誤SE來估算真平均數μ的存在範圍。也就是說，據中央極限定理，μ存在的範圍可趨近於常態分配$N(29.7,\ 1.8^2/30)$的密度函數曲線（圖10b）。換言之，這

組常態分配的標準差就成了標準誤。因此，我們可以透過標準誤推算出真平均數的存在範圍。

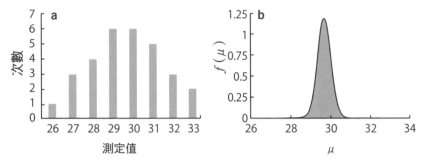

圖10　標準差與標準誤

a.　某樣本的測定值
b.　平均數的預測分配曲線N(29.7, 1.8^2/30)。上色區域表示推測平均數存在的範圍。

測驗12

請利用圖10b計算 μ 在估計區間 $\overline{X} - SE$ 與 $\overline{X} + SE$ 之間存在的機率。

4.　適合度與獨立性

在實驗和調查中，資料經常以在各種要素下的次數來表示。如果打算調查的要因在3個以上，就可以按照因素將樣本分類後再行檢定。

4.1.　期望次數與觀測次數

比方說，依目標群體的某項特徵將其分成彼此獨立的小組 A_1、A_2、……、A_n，例如把T農場今天生產的雞蛋按重量差異分成S、M、L、LL的情況。知道樣本在各組的機率以後，分別設其為 p_1、p_2、……、p_n，各機率總和為1。當我們從該母體提取 n 個樣本時，各組樣本數的期望值為 p_1n、p_2n、……、p_nn，這稱為期望次數。另一方面，各組實際觀測到的個體數 x_1、x_2、……、x_n 則稱為觀測次數。

4.2.　適合度檢定

比較期望次數和觀測次數的手法名為適合度檢定。換言之，就是求出各組（觀測次數－期望次數）^{2}/期望次數的值並計算其總和 X 的算式——公式(7)。當總和 X 比樣本量 n 大時，呈自由度 $n-1$ 的卡方分

配。我們用這個 X 來做檢定。此處每個分母都不是觀測次數，而是期望次數，還請多多注意。

$$X = \frac{(x_1 - p_1 n)^2}{p_1 n} + \frac{(x_2 - p_2 n)^2}{p_2 n} + \cdots + \frac{(x_n - p_n n)^2}{p_n n} \tag{7}$$

在這裡，當各組的期望次數有5以上時，其分布狀況近似於卡方分配。因此，如果某一組的期望次數在4以下，就把它與隔壁組相加，使次數變成5以上。

要檢定各組的適合度，得先設立虛無假設「試樣隸屬組別 A_1、A_2、……、A_n 的機率分別是 p_1、p_2、……、p_n」。請透過下面的例題來思考看看。

例題14

擲120次骰子後，骰出點數的次數如以下結果。試問能證明這顆骰子是公正骰子嗎？請以顯著水準5％檢定之。

骰子點數	1	2	3	4	5	6
觀測次數	18	19	23	24	19	17

解答　公正骰子每面點數出現的機率相等，所以我們先把「各點數出現機率是1／6」立為虛無假設。故每種點數的期望次數都是120×（1／6）=20。

接著，依公式(7)求其（觀測次數－期望次數）²/期望次數，例如1點即為（18－20）²/20=0.2。對各個點數計算此式求其和 X，得 $X = 2$。另一方面，根據卡方分配表，在自由度 6－1＝5 的卡方分配上，5％的拒絕域是 $X > 11.1$。因為 $X = 2 < 11.1$，該值不在拒絕域範圍內，所以判定無法證明這顆骰子不是公正骰子。

Excel ▶　用函數＝CHISQ.INV.RT(0.05,5)算出顯著水準5％且自由度5的臨界值為11.1。透過函數＝CHISQ.DIST.RT(2,5)求得p值等於0.849。

將植物S花朵顏色的遺傳性狀分成A、B、C、D共4組，按照遺傳法則，理論上其基因表現的比例為3：2：2：1。實際觀察的結果分別是113朵、86朵、82朵、39朵。試問對這4組的期望次數各為多少？另外，能否證明這個觀察結果符合遺傳律法則？請以顯著水準5％檢定之。

4.3. 列聯表

　　雖然前面已在適合度檢定上對母體的單一特徵做了分類，但還要再進一步考量多種特徵的檢定情況。舉例來說，假設某個母體的2項特性A與B分別被劃分成m組及n組。從該母體中抽出N個樣本，並依A或B各組組別分配的表格稱為列聯表。表1顯示被分成4組A與4組B的案例。x_{ij}代表A為i組、B為j組的觀測次數。此處的i和j都是正整數。

　　用列聯表檢定特性A和特性B是否獨立，就稱為獨立性檢定。假設A_i在A裡的機率為p_i，這裡的i是正整數。也就是$p_i = a_i/N$。此外，如表1所示，a_i表示在整體中隸屬A_i的個體數。例如：$p_2 = a_2/N$。同樣地，將特性B裡頭B_j的機率逐一設為q_j。也就是$q_i = b_i/N$。以表1為例，便是$q_3 = b_3/N$。

表1　　列聯表範例（$m=4$且$n=4$）

	B_1	B_2	B_3	B_4	計
A_1	X_{11}	X_{12}	X_{13}	X_{14}	a_1
A_2	X_{21}	X_{22}	X_{23}	X_{24}	a_2
A_3	X_{31}	X_{32}	X_{33}	X_{34}	a_3
A_4	X_{41}	X_{42}	X_{43}	X_{44}	a_4
計	b_1	b_2	b_3	b_4	N

　　已知當A與B獨立時，下面由列聯表設立的X呈自由度$(m-1) \times (n-1)$的卡方分配：

$$X = \frac{(x_{11} - p_1 q_1 N)^2}{p_1 q_1 N} + \frac{(x_{21} - p_2 q_1 N)^2}{p_2 q_1 N} + \cdots + \frac{(x_{mn} - p_m q_n N)^2}{p_m q_n N} \quad (8)$$

在獨立性檢定上，會將虛無假設定為「特性A與B各自獨立」，並進行卡方檢定。請透過下面的例題來思考看看。

例題15

在某個派對會場發生了食物中毒事件。針對菜單中的食品A，對76名參加者進行用餐與發病有無的提問調查，結果如下表。譬如，吃過食品A的39人中，發病的客人有26人，沒有發病的客人則是13人。此時食品A是否與這次食物中毒事件有關，請以顯著水準5％檢定之。

	發病	未發病	總計
用餐	26	13	39
未用餐	15	22	37
總計	41	35	76

解答　設立虛無假設為「食品A與該事件無關（獨立）」。在這個假設上，不論是否吃過食品A，發病者出現的機率都一樣。食品A相關的發病人數比率為41/76≈0.539，未發病人數比率則是35/76≈0.461。因此，若假設食品A與該事件無關，那麼推測在所有用過餐的人（39人）中，發病人數應為39×0.539＝21.0人，未發病人數則是39×0.461＝18.0人。這個就是本題的期望次數。另一方面，未用餐者中的0.539也算在發病人數內，算出來是37×0.539＝20.0人。未用餐者裡剩下的其他人是未發病者，其人數為37－20.0＝17.0人。如此一來，便能做出一份期望次數表如下。請注意，兩張表格的總計數量都相等。附帶一提，這裡雖是依據發病／未發病的比率來算出期望次數，但透過用餐／未用餐的比率來計算也會獲得同樣的結果。

	發病	未發病	總計
用餐	21.0	18.0	39
未用餐	20.0	17.0	37
總計	41	35	76

接下來，便基於公式(8)對各個對應項目計算統計量X。舉例來說，用過餐才發病的客人是$(26-21.0)^2/21.0$ $=1.19$。算完全部4種項目，得知其和X為5.3。另一方面，因為這份列聯表的自由度是$(2-1)\times(2-1)$ $=1\times1=1$，所以以卡方分配表來看，5％的拒絕域是X>3.84。3.84<X=5.3位於拒絕域內，於是虛無假設遭到駁回。因此可推測食品A與這次食物中毒事件有關。

測驗14

在跟例題15一樣的食物中毒事件中，對食品B的調查結果如下。這個食品是否和此次食物中毒事件有關，請以顯著水準5％檢定之。

	發病	未發病	小計
用餐	29	18	47
未用餐	21	8	29
小計	50	26	76

　　在實際發生食物中毒事件的狀況下，負責單位會透過這種運用列聯表分析的手段來推論出原因食品。不過，在原因食品的判定上，實際從食品中檢測出致病微生物或有害物質也很重要。

■　參考　■　　　風險比與勝算比 ⋯⋯⋯⋯⋯⋯⋯⋯⋯⋯⋯⋯⋯⋯

　　像例題15這樣有多項因素被推算為原因時，其判別指標就是風險比和
勝算比。舉例而言，風險比代表吃過食品E的用餐者發病率（風險）與其
對照組用餐者的發病率的比例。從列聯表可以看出，用餐者的發病率是
$26/39 \approx 0.667$，未用餐者的發病率則是$15/37 \approx 0.405$，因此，作為雙方比
例的的風險比等於$0.667/0.405 = 1.65$。用餐者的發病率是未用餐者的1.65
倍。

　　另一方面，勝率（Odds）則是指將某事件發生機率設為p時的比率
$p/(1-p)$。當$p = 0.6$時，勝率為$0.6/(1-0.6) = 0.6/0.4 = 1.5$。在上面的
案例中，p表示發病率。為了評估食品A造成的影響，計算用餐者組和其
對照組（未用餐者組）的勝率，分別得到$26/13 = 2$及$15/22 = 0.682$。兩
者勝率的比稱為勝算比。在這個例子中，勝算比是$2/0.682 = 2.93$。把這
項數值跟其他要因（此指其他食品）的值做比較，顯示數值特別高的食品
極有可能就是原因食品。

測驗15

　　以測驗14的食品B為例，請針對用餐者與非用餐者的發病率（風
險）個別計算其風險比與勝算比。

第 6 章　統計檢定

迴歸分析

迄今為止，作為統計學的應用，我們解釋了統計量的估計與檢定的相關內容，不過除此之外還有各式各樣分析資料的方法。本章將談論迴歸分析這種常用的分析方法。這裡會說明一下處理定量（計量）數據的線性迴歸分析，以及處理定性（計數）數據的邏輯式迴歸分析。

1. 迴歸分析

對於成對的2個變數之間的關係，在前面第1章介紹過散布圖和相關。另一方面，從一個變數的值推算另一個變數的值，例如在以某班學生身高及體重這2個變數為分析對象時，從其身高估測其體重，這種方法稱為迴歸分析（Regression analysis）。用來推估的變數稱為自變數（或解釋變數），被推估的變數則是應變數（或反應變數）。顧名思義，自變數是一種不受其他變數影響的變數，也是測量或調查時的條件。另一方面，應變數則是受到自變數影響的變數，亦是測量或調查的結果。

此外，在第1章裡介紹過的相關關係中的2個變數關係對等，由於兩者不存在自變數與應變數這種關係，所以請留心其與迴歸分析的差別。

2. 單迴歸分析

在迴歸分析裡，尤其是在認定兩者之間存在線性關係時，這類迴歸分析就被稱為線性迴歸（或直線迴歸）分析。比如說，調查小學某個班級裡7名學生的身高 y（cm）和其父親的身高 x（cm），結果如右頁的表。

表1	某班學生的身高y及其父親的身高x						
x	165	172	175	167	182	169	178
y	131	135	140	129	151	138	139

　　按照x由小到大的順序，將該名學生父親的身高x與學生本人的身高y依序排列並畫成圖表，即為圖1。雖然圖中看得出資料的離勢，但亦可發現有學生父親的身高愈高，學生本人的身高也就愈高的傾向，雙方之間的關係呈直線發展。表示這種關係的直線又被稱為迴歸線（Regression line）。

　　透過這種線性關係，使能用x值大致推測出y的數值。因此在這種情況下，x被視為自變數。這邊需要注意的是：不管是哪一種迴歸分析，都無法在數值超出自變數資料範圍時保證其推測準確度。譬如在表1裡，用比165cm還小的$x=160$cm推算出來的y估計值，其準確度就無法受到保證。

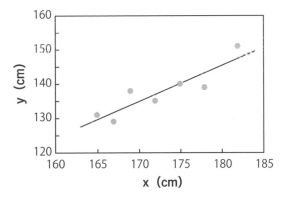

圖1　對應父親身高x的學生身高y
圖中直線代表的是顯示兩者大小關係的迴歸線。

　　類似本例這種以一個自變數（父親身高）表示應變數（學生身高）的迴歸分析稱為單迴歸分析（Single regression analysis），而透過2個或2個以上自變數（例如父親和母親的身高）來表示的迴歸分析則名為複迴歸分析（Multiple regression analysis）。

第7章　迴歸分析

接著我們來說明如何進行線性迴歸分析。假設資料裡2個變數x與y的組合有n對，y的近似值可用下方x的公式(1)來表示。a和b分別代表迴歸線的斜率及y截距。

$$y = ax + b \tag{1}$$

此時自然能在$x = x_i$的測定值y_i與迴歸線上的估計值$ax_i + b$之間發現誤差。若設該誤差為e_i，則e_i可用下面的公式表示：

$$e_i = y_i - (ax_i + b) \tag{2}$$

在學生身高y和其父親身高x的例子中，兩者的誤差如圖2所示。這裡我們從身高最矮的父親開始以1、2、3、4編號，並在圖上註記相應的誤差e_i。另外，誤差並非從量測點到迴歸線之間的垂直線長度，所以還請多加注意。

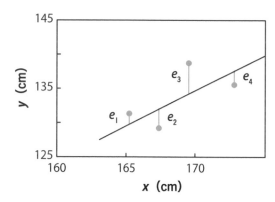

圖2　實際值與迴歸線估計值的誤差
圖中直線是表示在圖1上的迴歸線，圓點則代表實際值。

這個誤差可以像圖2的e_1和e_3一樣是正數，也可以像e_2與e_4一樣是負數。另一方面，誤差的平方始終為0以上的正數，所以定義其總和Q如公式(3)。

$$Q = \sum_{i=1}^{n} e_i^2 = e_1^2 + e_2^2 + \cdots + e_n^2 \tag{3}$$

求得使這項Q值（≥ 0）最小的係數a及b的值，便能用這些數值算出迴歸線的公式(1)。這個方法稱為最小平方法。

這裡我們將另外6對父子的身高繪成圖表，結果如圖3。跟圖1比起來，這個例子的父親身高和小孩身高之間的相關關係較為薄弱，看不出明顯的線性關係。如圖3所示，即使在圖上畫出迴歸線，也不可能藉由父親的身高推測孩子的身高。（而且迴歸線的斜率很小，這代表就算父親們的身高有差距，孩子的身高也幾乎沒什麼差異。）因此，我們必須先知道迴歸線能在多大程度上顯示應變數（反應變數）。其指標就是下方的決定係數R²。

$$R^2 = \frac{\sum_{i=1}^{n}\left(Y_i - \overline{y}\right)^2}{\sum_{i=1}^{n}\left(y_i - \overline{y}\right)^2} \tag{4}$$

這裡的Y_i是y的第i個預測值（$=ax_i+b$），$\overline{y}$為y的平均數，y_i則是第i個實際值。決定係數等於相關係數的平方，取值大於0、小於1。該值愈接近1，就愈具備表現反應變數的能力。圖1和圖3的決定係數分別是0.803和0.194，證明圖1迴歸線顯示反應變數的能力更高。

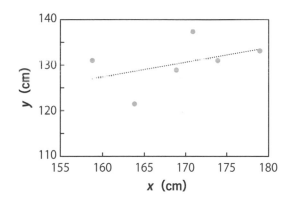

圖3　6對父子的身高

圓點表示測定值，虛線則代表迴歸線。

現在讓我們用Excel來計算表1所示資料的迴歸線（檔名Ex7-1 Regression）。以下是利用最簡單的插入圖表功能作成的解題法範例。以滑鼠選取父親跟小孩的2欄資料後，依照「插入」—「圖表」—「散佈圖」的順序製作圖表。

接著點擊做好的圖表，如圖4所示，按照「新增圖表項目」－「趨勢線」－「其他趨勢線選項」的步驟進行。

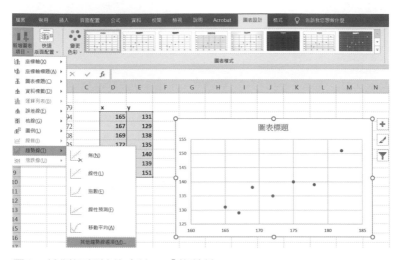

圖4　繪製迴歸線的方法：「趨勢線」

　　然後在「趨勢線格式」中選擇「線性」，並勾選顯示方程式和R平方值（決定係數），如左方圖5所示。

圖5　繪製迴歸線方法：「趨勢線格式」

結果將顯示圖1的迴歸線、其公式和決定係數R^2。經由 **表1** 的資料可得到圖6的結果。從圖6的迴歸方程式，可推算出範例中父親身高 x 是170cm時，該學生的身高 y 為 $y = 1.0532 \times 170 - 44.175 = 134.9$cm。

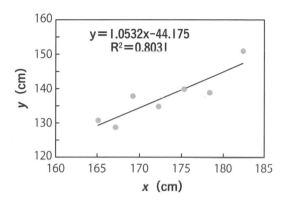

圖6　線性迴歸的結果

實際上，在Excel中用上述圖表功能做迴歸分析已經稱得上相當夠用，但運用「迴歸」功能可以獲得更詳細的資訊。以下說明其步驟：首先像下圖這樣，依「資料」－「資料分析」－「迴歸」的順序執行。

圖7　選定「迴歸」

如圖8所示，在跳出的對話框裡輸入Y範圍和輸入X範圍指定儲存格位址。結果的輸出範圍也要用儲存格位址來指定。

圖8　對話框的資料輸入

　　分析結果如圖9所示，顯示「概要輸出」以及「ANOVA」。在「概要輸出」裡呈現「R平方」——也就是決定係數（此例為0.803147）。這裡我們不會用到「調整的R平方」，這個數值在係數數量多的時候才會使用。

　　下面的「ANOVA」則表示係數的估計值。換言之，「截距」在公式⑴中相當於Y截距 b，以此例來說是－44.1747。「X變數1」則相當於公式⑴的斜率 a，本例為1.053165。在係數的各項估計值中展示了p值。p值是係數超越該數值極端值的發生機率。一般來說，只要p值小於0.05，算出來的估計值就有一定的可靠性。在這個案例上，b 的p值很大，是0.322564，但因為圖6顯示的迴歸分析結果有比較高的決定係數（0.803147），所以可以認定數值沒有問題。像 b 這種p值較大的係數，如這張表所示，其估計值的下限95％和上限95％的範圍也會變寬。

摘要輸出

迴歸統計	
R的倍數	0.896184
R平方	0.803147
調整的R平方	0.763776
標準誤	3.503199
觀察值個數	7

ANOVA

	自由度	SS	MS	F	顯著值
迴歸	1	250.3523	250.3523	20.39961	0.006303
殘差	5	61.36203	12.27241		
總和	6	311.7143			

	係數	標準誤	t統計	P-值	下限95%	上限95%
截距	−44.1747	40.26143	−1.0972	0.322564	−147.67	59.32062
X變數1	1.053165	0.233177	4.516593	0.006303	0.453765	1.652565

圖9　Excel「迴歸」的分析結果（Ex7-1 Regression）

測驗1

測量某個班級的6名學生身高y及他們母親的身高x，結果如下表所示。請運用Excel等軟體將兩者數據圖表化，然後算出應變數y對自變數x的線性迴歸方程式和決定係數。另外，相關資料請下載檔案 Ex7-2 data。

x	162	153	171	148	154	164
y	130	122	135	121	128	129

　　除了線性之外，還可以透過指數、對數及多項式等資料來做迴歸分析或近似曲線。舉例來說，下一頁表格顯示A市從9月1日到6日期間的B病毒確診人數（每天的陽性確診人數）變化。x為日期，y代表確

第7章
迴歸分析

149

診人數。

表2	A市的B病毒確診者人數變化

x	y
1	1
2	2
3	4
4	7
5	13
6	25

　　對這些數據進行線性迴歸分析，就能畫出下方**圖10a**上的直線。決定係數$R^2＝0.8411$，雖然這個數值相對較高，但9月1日的估計值是負數，6日的數值也偏離了陽性確診人數（Ex7-3 Regression）。另一方面，利用指數函數做一次迴歸分析，則可繪製**圖10b**上的曲線。決定係數是$R^2＝0.9989$，看得出這個數值跟線性迴歸比起來相當高，且其與測定值的配適非常好。故推測這個案例的病毒確診者呈指數函數增長。

　　另一方面，也可以用自變數x的二次方程式，即$ax^2＋bx＋c$的形式來做迴歸分析。決定要選用什麼樣的函數或模型時，可能是經由理論推導決定，或者是根據其與實際測定值的配適度來選擇。

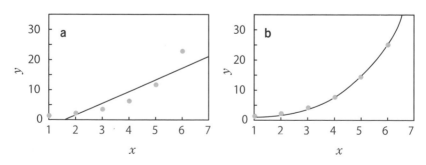

圖10　線性（a）與指數（b）的迴歸分析

3. 複迴歸分析

複迴歸分析用在以多個自變數表示一個應變數的時候。例如前面提到的，試圖用母親身高 x 和父親身高 z 這兩個因素來表示學生身高 y 時，可以考慮用下面的公式(5)作為迴歸方程式。

$$y = lx + mz + n \qquad (5)$$

其中 l、m、n 分別是不同的係數。各項係數的值和線性迴歸分析一樣，都是用最小平方法求得的。

測量某個班級裡6組家長和學生身高（cm）的結果如下方 表3 （Ex7-4 Regression）。讓我們藉著複迴歸分析，從父母的身高推算小孩的身高吧。換句話說，就是計算係數 l、m、n 的值，以便使公式(5)裡實際值與估計值的離差平方和呈現最小值。只要算出係數的值，再輸入父母的身高資料，就能估算出學生的身高。

下面我們用Excel的「資料分析」功能對 表3 的數據進行複迴歸分析。因此要從「資料分析」開啟「迴歸」，在跳出的對話框輸入資料，如下一頁的 圖11 所示。此處的對話框輸入X範圍要選取父親和母親的2欄數據。

表3　某班家長和學生的身高共6組（cm）

母親的身高	父親的身高	小孩的身高
147	163	117
151	167	119
154	172	123
160	169	130
164	173	132
163	181	135

圖11　Excel複迴歸分析的彈出對話框

　　於是，各種分析成果將會以表格的形式呈現。在學生身高的例子上，「摘要輸出」的表格裡，相關係數R與決定係數R^2的值是0.985和0.971。「ANOVA」表格則如下方 表4 所述，顯示出截距（公式(5)的係數n）、X變數1（公式(5)的係數l）及X變數2（公式(5)的係數m）的數值。每個係數的p值，甚至是95％信賴區間都一覽無遺。

　　只要把算出來的係數值與父母身高數據代入公式(5)，即可估算出學生的身高。將這個估計值與測量值互相比較，如圖12所示，兩者非常一致，所有的圓點都在等容線附近。這些圓點的相關係數是上述的值0.985。

表4　Excel複迴歸分析成果（「ANOVA」的部分內容）

	係數	標準誤	t統計	P－值	下限95%	上限95%
截距	−50.4555	20.292394	−2.4864	0.0887642	−115.0349	14.123988
X變數 1	0.901574	0.1746554	5.16202	0.0141008	0.3457425	1.4574053
X變數 2	0.20698	0.195873	1.05671	0.3682123	−0.416375	0.8303355

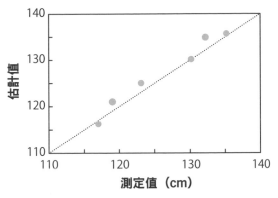

圖12　學生身高的測定值與迴歸分析的估計值

圖中的虛線代表等容線（測定值與估計值一致的示意線）。

■　**參考**　■　　**用規劃求解做的複迴歸分析** ·························

　　Excel裡有種功能叫規劃求解，這項功能可在設定條件下得出最佳數值。使用規劃求解可算出複迴歸分析的估計值（Ex7-4 Regression）。也就是說，如圖13所示，先規劃好輸入Parameter l、m、n數值的儲存格，然後在Estimate一欄置入公式(5)，以估算學生的身高。將該估計值與測定值之間的平方差設為Residual。之後用規劃求解計算各項係數的最佳值，好讓Residual的總和SUM呈現最小值。結果，如圖13所呈現的得出係數值。雖然這些數值和表4的數值略有不同，不過可以認為是因計算方式不同而產生的差異。兩者在每位學生的估算身高上皆一致。

▲	A	B	C	D	E	F	G	H
1	Regression		y=lx+mz+n		Parameters		l	m	n
2						0.9003	0.208	-50.49
3		x	z	y				
4		Mother	Father	Child	Estimate	Residual		
5		147	163	117	115.815	1.4046		SUM
6		151	167	119	120.25	1.5613		7.975
7		154	172	123	123.992	0.9846		
8		160	169	130	128.769	1.5153		
9		164	173	132	133.204	1.4489		
10		163	181	135	133.97	1.0603		

圖13　某班父母與小孩身高的複迴歸分析

　　某所國中三年級的學生進行了5個科目的考試，已取得7名學生的科目A與科目B成績，還有5個科目的總分S。請利用迴歸分析求出「透過科目A及科目B的成績估計總分S的公式」。相關數據請下載檔案Ex7-5 data。

4.　邏輯式迴歸分析

　　在調查上回答「是」或「否」二擇一選擇題時，得到的結果只要針對所有事件數中任一選項，比如「是」的數量計數即可，如此便能獲得第5章裡介紹過的定性數據。實驗和檢查中有定性試驗和定量試驗兩種，定性試驗的結果是分為陰性或陽性的定性數據。就算是在定量試驗裡，也偶爾會用測定值在參考值以上或以下來劃分陰性或陽性兩種數值，這種情況下的結果即為定性數據。邏輯式迴歸分析（Logistic regression analysis）是種在分析各種條件下的定性數據（即計數數據）時採用的手法。只需利用這種方法，就能推測出在新條件下的陽性（或陰性）比例──也就是機率。

　　接著，我們舉個例子來說明邏輯式迴歸分析。假使在微生物S於含有充分營養成分的液體中改變液體的氫離子濃度（pH）時，進行該微生物是（陽性）否（陰性）會增殖的實驗。結果對微生物S來說，液體的pH值接近5～7時是良好的生長條件──做了10次實驗，10次都有增殖。在pH值處於4這種較低的範圍內時，做的10次實驗裡有幾次沒有增殖。再者，在pH值2～3這個非常低的範圍時，就算做了10次實驗，也完全沒有增殖的跡象。綜上所述，微生物S的增殖機率會依各種pH值濃度而改變。我們要用邏輯式迴歸對該機率做一些分析。

　　假設在一定條件下呈陽性的機率是p且（$0 \leq p \leq 1$），則呈陰性的機率便是$1-p$。兩者的比率$p/(1-p)$稱為勝算比。如公式(5)所示，變數z取為此勝算比的自然對數ln，該變數名為對數勝算（logit）函數。

$$z = logit(p) = \ln\left(\frac{p}{1-p}\right) \tag{5}$$

針對機率p拆解此算式後得到的方程式稱為邏輯函數，以右方的公

式(6)表示。

$$p = \frac{1}{1+e^{-z}} \tag{6}$$

另一方面，公式(5)的變數z與目標因素的關係呈線性發展。因為上面案例中的要因是pH值，所以可以用下面的線性公式(7)來表示z。這裡的a_1和a_2都是係數。

$$z = a_1(pH) + a_2 \tag{7}$$

此時，如果單一個試樣呈陽性的機率為p，那麼陰性的機率便是$1-p$。因此，在相同條件的n個試樣中x個呈陽性的事件呈二項分配，假設這個機率為P，則P將由以下公式表示。以上述微生物範例來說，$n=10$。

$$P = {}_nC_x p^x (1-p)^{n-x} \tag{8}$$

「希望在各種條件下使試樣的機率P的積呈現最大值」，換言之，即運用最大概似法來計算a_1和a_2。係數的值確定後，就能用公式(6)和(7)來估計各種條件（以上方例子而言是各種pH值）下的機率。

上述案例是在各種pH值環境下各進行10次增殖實驗，有增殖的情況設為1，沒有增殖的情況則表示為0。只要對這些數據做邏輯式迴歸分析，如圖**14**所示，對應pH值的微生物S增殖機率就會以曲線呈現。從圖可知，此數據相關的測定機率和估計機率非常一致。從這條曲線可以推算出在指定pH值下的增殖機率，以及指定增殖機率時的pII值。比方說，可估計pH值3.8時的增殖機率為0.45。反之，也可以推測出像增殖機率為0.5的pH值。如此一來，便能獲得pH值和微生物S增殖的相關資訊。

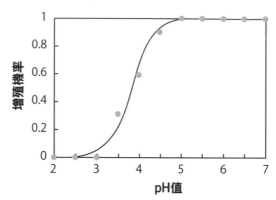

圖14 透過邏輯式迴歸分析取得的微生物S增殖機率
圓點表示測量值，曲線代表邏輯式迴歸分析的推估內容。

　　運用Excel和檔案Ex7-6 Regression，解釋對微生物S增殖實驗數據進行邏輯式迴歸分析的步驟。如圖15所示，在A欄的每個資料位址輸入1，B欄輸入pH，C欄則是數據本身，也就是要輸入1或0。D欄則利用pH值和係數（a_1和a_2）計算z值。在E欄用D的值來計算機率p。而在F欄裡，則是將變成陽性的機率（似然度）套入二項分配的公式(8)，並藉由BINOM.DIST函數計算之。為了以最大似然法求出各似然度乘積數值最大的係數，取各似然度的自然對數（G欄），使其總和Sum呈現最小值。最後，利用規劃求解算出使總和達到最小值的係數（a_1和a_2）。憑藉取得的係數最佳值和pH值，計算出微生物在該pH值下增殖的機率。

	A	B	C	D	E	F	G	H
3								
4							Sum	16.9824
5			a_1	a_2				
6			3.8723	-14.91				
7							SQ:Sum	
8								5.52821
9	N	pH	Positive	z	P	likelihood	ln	meas P
10	1	7	1	12.2	1	0.999995	5E-06	2.5E-11
11	1	7	1	12.2	1	0.999995	5E-06	2.5E-11
12	1	7	1	12.2	1	0.999995	5E-06	2.5E-11
13	1	7	1	12.2	1	0.999995	5E-06	2.5E-11
14	1	7	1	12.2	1	0.999995	5E-06	2.5E-11
15	1	7	1	12.2	1	0.999995	5E-06	2.5E-11
16	1	7	1	12.2	1	0.999995	5E-06	2.5E-11
17	1	7	1	12.2	1	0.999995	5E-06	2.5E-11
18	1	7	1	12.2	1	0.999995	5E-06	2.5E-11
19	1	7	1	12.2	1	0.999995	5E-06	2.5E-11
20	1	6.5	1	10.26	1	0.999965	3E-05	1.2E-09
21	1	6.5	1	10.26	1	0.999965	3E-05	1.2E-09

圖15　邏輯式迴歸分析的分析

‥‥‥‥‥‥‥‥‥‥‥‥‥‥‥‥‥‥‥‥‥‥‥‥‥‥‥‥‥‥‥‥‥‥

第7章　迴歸分析

貝氏統計學

　　貝氏統計學（Bayesian Statistics）近年被用於各種數據的統計分析上。這種統計學的思考方式與至今提到的那些基於頻率論的統計學之間存在很大的差異。貝氏統計學跟頻率論統計學的概念完全相反，因此在學習的過程中必須充分注意這一點。本章將介紹貝氏統計學的基礎思想。

1. 什麼是貝氏統計學？

　　貝氏統計學是以托馬斯・貝葉斯（Thomas Bayes）在1763年發表的貝氏定理為基礎而誕生的統計學。相較於本書前面談到的那些以次數為基礎的統計學，這種統計學在思考方式上有很大的不同。在頻率論統計學上，需要大量反覆進行試驗才能算出拋擲骰子骰出5點的機率。不過……舉例來說，B同學考上C大學的機率是「考幾百次也考不上」，這種數據就不能用頻率論來決定。貝氏統計學考量的就是這種事件發生的機率。

　　此外，在從同一批次的產品中取出若干樣品並測量其重量時，頻率論統計學會預設該批次的平均數是既定值，也就是常數。由於實際樣本的各項測定值存在離勢，所以與平均數間存在誤差是理所當然的事。因此，倘若將該產品的重量設為 x，則 x 可被認定是一項隨機變數，同時顯示出在平均 μ（常數）周圍的分布情況。頻率論統計學認為，只要樣本量夠大，這個誤差就會呈現常態分配。本來常態分配就是一種表現數值與平均數間誤差的工具。將上述案例圖表化即為圖1a。圖中展示的分布情況是平均數設為 μ 的常態分配。請注意，橫軸是產品的重量。

　　另一方面，貝氏統計學不把平均數等參數當作常數，而是視其為隨機變數，同時該數值本身擁有某種分布。再透過測量資料來決定其機率分配。以剛才的例子來說，是將該批產品的重量平均數 μ 看作隨機變

數，且μ具機率分配$f(\mu)$。把上述案例圖表化即為圖1b。請注意，橫軸是平均數μ。或許我們可以認為，在參數的分配中機率最高的值——也就是眾值（圖1b中為4）——是代表這個μ的數值。

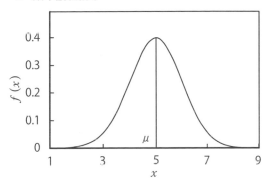

a 頻率論統計學

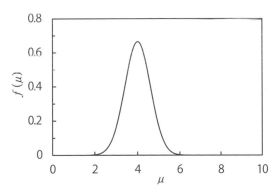

b 貝氏統計學

圖1 頻率論統計學與貝氏統計學在平均數上的思考方式

2. 貝氏定理

正如第2章所說明的，在事件A發生的條件下發生事件B的機率稱為條件機率，以$P(B|A)$來表示。同樣地，在事件B發生的條件下發生事件A的機率寫作$P(A|B)$。此時，事件A和事件B發生的機率

$P(A \cap B)$可用這兩個條件機率來表示，如下方公式所示。

$$P(A \cap B) = P(B)P(A \mid B) = P(A)P(B \mid A)$$

以這個公式為例，像是針對$P(A \mid B)$拆解公式後可導出公式(1)，我們可以稱其為貝氏定理（Bayes' theorem）。

$$P(A \mid B) = \frac{P(B \mid A)P(A)}{P(B)} \tag{1}$$

貝氏統計學也可以說是一種根據結果推估原因的統計學。是故只要將這個公式上的A替換成原因H，B換為結果R，就可以得出下述算式——也就是貝氏理論的基本公式。

$$P(H \mid R) = \frac{P(R \mid H)P(H)}{P(R)} \tag{2}$$

利用這個公式，便能算出當結果R發生時，起因為原因H的機率$P(H \mid R)$。此機率稱為事後機率。另外，我們稱$P(R \mid H)$為似然度，$P(H)$是事前機率，$P(R)$則是邊際概似。所謂的事前機率，意思是在得到結果（資料）之前的機率。似然度$P(R \mid H)$則表示因為原因H而發生結果R的機率。邊際概似$P(R)$代表結果R發生的所有機率，計算後會得到一定的值。

貝氏基本公式今後也會經常出現。如果不是用數學符號，而是用術語來表示這個公式，則如下所示：

$$（事後機率） = \frac{（事前機率）\times（似然度）}{（邊際概似）} \tag{3}$$

因為邊際概似是一個常數，所以也可以說事後機率與事前機率和似然度的乘積成正比。因此，可用成正比符號∝表示如下：

$$（事後確率）\propto（事前確率）\times（似然度） \tag{4}$$

用貝氏基本公式算出事後機率的方法名為貝氏估計（Bayesian inference）。請試著用下面的例題來思考貝氏估計。

例題1

A國國民的病毒B染疫率是1/100,000=10^{-5}。由於檢測方式的靈敏度不夠高，所以染疫者的檢測陽性率是90％。另一方面，這種檢測方式會將1％的未染疫者誤判為陽性。C先生用這種檢測方式篩檢，結果被判定是陽性。試求C先生確實感染病毒B的機率。

解答　根據陽性檢測結果來推測實際有染疫的事實（原因）機率。關於染疫狀況和檢測結果，可分為4種情況：(i)染疫且檢測為陽性，(ii)染疫但檢測為陰性，(iii)未染疫但檢測為陽性，(iv)未染疫且檢測為陰性。製成表格如下：

	染疫	未染疫
陽性	(i)	(iii)
陰性	(ii)	(Iv)

若分別將染疫與檢測出陽性的事件設為I和Y，所求機率是在檢測結果呈陽性的基礎上染疫的機率，因此寫成$P(I|Y)$，代入貝氏定理公式(2)後，以下列算式表示：

$$P(I \mid Y) = \frac{P(Y \mid I)P(I)}{P(Y)}$$

這裡所求機率$P(I|Y)$是事後機率，似然度$P(Y|I)$為染疫且呈陽性的機率，事前機率$P(I)$是檢測前（資料上的）染疫機率，邊際概似$P(Y)$則是檢測陽性機率。

似然度$P(Y|I)$是染疫者的檢測陽性機率，即0.9；事前機率$P(I)$為檢測前C先生的染疫率，依照該國染疫率將其設為0.00001；邊際概似$P(Y)$則是在該檢測上呈陽性的所有事件機率總和。

換句話說，$P(Y)$是上述「(i)染疫者的90％」加「(iii)未染疫者的1％」的和，即$P(Y)=10^{-5}\times0.90+(1-10^{-5})\times0.01$＝0.010009。把這些數值代入上方算式，得$P(I|Y)$＝0.00090。雖然作為結果的數字本身數值十分小，但染

疫機率是從檢測前的0.00001提高到0.00090，整體上升
了90倍。

測驗1

A國國民的病毒B染疫率是1/100,000=10^{-5}。由於檢測方式的靈敏
度高，所以染疫者的檢測陽性率是98%。另一方面，這種檢測方式
會將2％的未染疫者誤判為陽性。C先生用這種檢測方式篩檢，結果
被判定是陽性。試求此人確實感染病毒B的機率，並填寫下方空格Ⓐ
到Ⓘ。

若以跟上方例題1相同的方式思考，$P(Y|I)$是染疫者的檢測
陽性機率，所以為Ⓐ；$P(I)$是檢測前C先生的染疫率，因此
按該國染疫率將其設為Ⓑ；$P(Y)$則是在該檢測上呈陽性的所
有事件機率總和。換句話說，就是染疫者的Ⓒ%加未染疫者
的Ⓓ%之和，即$P(Y)$=Ⓔ×Ⓕ+（1−Ⓔ）×Ⓖ=0.0200。把這
些數值代入上方算式，得$P(I|Y)$=Ⓗ。雖然這個數字本身數值
非常小，但染疫機率從檢測前的0.00001提高為Ⓗ，整體上
升了Ⓘ倍。

測驗2

某地區的疾病S染疫率目前是10^{-5}。透過檢測S的方法，染疫者的
90％呈現陽性；另一方面，未染疫者的5％也會被判定為陽性。T先
生接受這項檢測後，結果判定為陰性。試求T先生確實沒有染疫的機
率，並填寫下方空格Ⓐ到Ⓛ。

若以跟上方例題1相同的方式思考，題目所求機率是在檢測
陰性的結果上沒有染疫的機率，寫作$P(not\ I|not\ Y)$，可用公
式(2)的貝氏定理表示為下方算式：

$$P(notI \mid notY) = \frac{P(notY \mid notI)P(notI)}{P(notY)}$$

$P(not\ Y|not\ I)$是未染疫者的檢測陰性率，所以是1−Ⓐ=Ⓑ；
$P(not\ I)$為T先生做檢測前的未染疫率，根據該地區的染疫率而
得出1−Ⓒ=Ⓓ；$P(not\ Y)$則是在檢查中呈陰性的所有事件機
率總和。換句話說，該值就是染疫者的100−Ⓔ=Ⓕ%與未染

疫者的$\boxed{G}$%加起來的和，即$P(not\ Y)=\boxed{H}\times\boxed{I}+（1-\boxed{H}）\times\boxed{J}=0.950$。把這些數值代入上方算式，得$P(not\ Y|not\ I)=\boxed{K}\times0.99999/0.950$ $=0.99999$。該值與檢測前的未染疫機率$\boxed{L}$一樣，代表陰性檢測結果本身並不影響T先生的未染疫機率。

有時我們會對一個結果想出許多個原因。例如：在結果R由3個彼此不重合（矛盾）的原因A、B、C所引起時，試著推測結果R是由於原因A而發生的機率$P(A|R)$（圖2線段加粗處）。

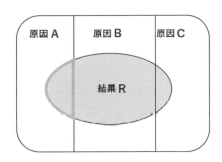

圖2　多個原因的關係

原因A、B、C中上色的範圍表示涉及結果R的部分。

根據貝氏定理，將$P(A|R)$表示如下：

$$P(A|R)=\frac{P(R|A)P(A)}{P(R)}$$

此例的原因有3個，因此從圖2中可以看出$P(R)$代表3個機率的和，如下列算式。

$$P(R)=P(A\cap R)+P(B\cap R)+P(C\cap R) \tag{5}$$

在這個算式裡套用乘法定理，則表示為下方算式。

$$P(R)=P(A)P(R|A)+P(B)P(R|B)+P(C)P(R|C) \tag{6}$$

在這個算式中代入公式(2)貝氏基本公式的分母，也就是邊際概似之後，如下所示：

$$P(A \mid R) = \frac{P(R \mid A)P(A)}{P(A)P(R \mid A) + P(B)P(R \mid B) + P(C)P(R \mid C)} \quad (7)$$

利用這個算式思考下方的例題。

例題 2

　　某家企業在 3 間工廠 A、B、C 製造產品 Z。各間工廠製造能力比分別是 60%、30% 與 10%。另一方面，工廠 A、B、C 產出不合格產品的比例各為 0.2%、0.1%、0.2%。試求從產品 Z 裡抽查到 1 件不合格樣品時，該樣品在工廠 B 製造的機率。

解答　設樣品不合格的事件為 R，並套用 3 個原因的公式(7)。從工廠 A 的製造比得知 $P(A) = 0.6$，並以同樣的方式算出 $P(B) = 0.3$，$P(C) = 0.1$。工廠 A 的產品製造不良率是 0.2%，所以 $P(R \mid A) = 0.002$，同理 $P(R \mid B) = 0.001$、$P(R \mid C) = 0.002$。

由於所求機率為 $P(B \mid R)$，因此將上述數值代入公式(7)，得到：

$$P(B \mid R) = \frac{0.3 \times 0.001}{0.6 \times 0.002 + 0.3 \times 0.001 + 0.1 \times 0.002}$$

加以計算後，結果是：

$$P(B \mid R) = \frac{0.003}{0.0012 + 0.0003 + 0.0002} = \frac{3}{17} \approx 0.176$$

測驗 3

將例題 2 中，工廠 A、B、C 產出不合格產品的比例分別改為 0.1%、0.2%、0.3% 時，請問所求機率為何？

3. 貝氏修正

　　在貝氏統計上，可以把事後機率拿來當下次貝氏估計的事前機率使用，該事後機率則是先前由某個原因求得的數值。在該原因對結果的貢

獻率上，可透過反覆進行這項操作提升其準確率。這種方式稱為貝氏修正（Bayesian updating）。下面的例題是有2個原因（存錢桶）對應到結果的情況，我們將藉由貝氏修正求得其中一個原因的機率。

例題3

在A存錢桶裡，1元硬幣和10元硬幣的比例是2：7，B存錢桶比例則是5：3，兩者各自都存放著大量硬幣。現在，我們在不知道存錢桶是A還是B的情況下任選一個，並從中連續隨機地拿出3枚硬幣，其順序為「1元、10元、1元」。試求此時選擇的存錢桶是B的機率。

解答　在取出第1枚硬幣（1元）時，因為沒有任何關於事前機率的情報，選到存錢桶A的機率$P(A)$跟選到存錢桶B的機率$P(B)$都未知，所以先假設這兩者機率相等，即$P(A)=P(B)=1/2$。從存錢桶A跟B裡拿出1元的機率各為$2/9$和$5/8$。此處考量的是存錢桶B，所以似然度是$5/8$。邊際概似則是針對取出1元硬幣這件事預測A與B的似然度，故為$\frac{1}{2}\times\frac{2}{9}+\frac{1}{2}\times\frac{5}{8}$。將結果R的起因是存錢桶B這個事後機率以$P(B|R)$表示，並把這些數值代入貝氏基本公式，得到：

$$P(B|R)=\frac{1}{2}\times\frac{5}{8}\left/\left(\frac{1}{2}\times\frac{2}{9}+\frac{1}{2}\times\frac{5}{8}\right)\right.=\frac{45}{61}\approx0.738$$

對於第2枚硬幣（10元）來說，B的事前機率變成$P(B)=0.738$，所以$P(A)=1-0.738=0.262$。A與B取出10元硬幣的機率各為$7/9$及$3/8$。因此事後機率$P(B|R)$如下所示：

$P(B|R)=0.738\times(3/8)/[0.262\times(7/9)+0.738\times(3/8)]$
　　　　$=0.277/(0.204+0.277)\approx0.576$

對於第3枚硬幣（1元）來說，事前機率$P(B)=0.576$，故$P(A)=1-0.576=0.424$。最後的事後機率$P(B|R)$則可用下列方式計算：

第
8
章

貝氏
統計學

$P(B|R)=0.576×(5/8)/[0.424×(2/9)+0.576×(5/8)]$
$=0.36/(0.0942+0.36)≈0.79.$

另一方面，最後的$P(A|R)$則等於$1-0.79=0.21$。最後的推估結果是：選到B存錢桶的機率相當高。若要按照這3次試驗結果顯示$P(B)$的數值變化，則如下方圖表所示。試驗第0次採用0.5的事前機率。

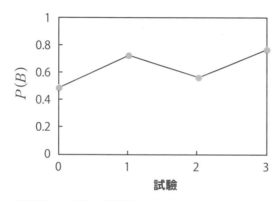

貝氏修正：所選存錢桶是B的機率

測驗4

在例題3中，若A存錢桶中的1元和10元的硬幣比例為4：3，B存錢桶的比例則是2：3，兩者各自存放大量硬幣時，試求該存錢桶是B的機率，並填寫下方空格Ⓐ到Ⓜ。

在取出第1枚硬幣（1元）時，作為事前機率，假設選到存錢桶A的機率$P(A)$跟選到存錢桶B的機率$P(B)$相等，即$P(A)=P(B)=$Ⓐ。從存錢桶A跟B裡拿出1元的機率各為Ⓑ和Ⓒ。此處考量的是存錢桶B，所以似然度是Ⓓ。將結果R的起因為存錢桶B這個事後機率以$P(B|R)$表示，並把這些數值代入貝氏基本公式，得到：
$P(B|R)=(1/2)×(Ⓔ)/[(1/2)×(4/7)+(1/2)×(Ⓕ)]$
$=(1/5)/(17/35)≈0.412$
對於第2枚硬幣（10元）而言，B的事前機率是$P(B)=$Ⓖ，所以$P(A)=1-$Ⓖ$=0.588$。因此$P(B|R)$如下所示：

$P(B|R) =0.412\times\boxed{H}/(0.588\times\boxed{I}+0.412\times\boxed{J})$
　　　　$=0.247/(0.252+0.247) \approx 0.495$

在第3枚硬幣（1元）上，事前機率$P(B)=0.495$，故$P(A)=1-0.495=0.505$。最後的事後機率$P(B|R)$則可用下列算式計算：

$P(B|R) =0.495\times\boxed{K}/(0.505\times\boxed{L}+0.495\times\boxed{M})$
　　　　$=0.198/(0.289+0.198) \approx 0.41$

4.　貝氏統計學與機率分配

　　如前所述，貝氏統計學會將目標參數視為隨機變數。讓我們想一想下面的例子。

例題4

　　拋擲8次骰子A後，有2次骰出了5點。試求這顆骰子骰出5點的機率（事後分配）。

解答　將骰子A骰出5點的機率設為θ，且$0 \leq \theta \leq 1$。若把骰出的點數結果，也就是取得的數據設定為D，那麼在貝氏統計學上會基於D去計算θ的事後分配$\pi(\theta|D)$。（π唸作pi。）考慮公式(3)的似然度$f(D|\theta)$，發現$f(D|\theta)$是原因（此為5點出現的機率θ）引發結果D（8次中骰出2次5點）的機率。因為這邊的關注重點是骰子A是否會骰出5點，所以擲骰多次時骰出5點的次數應呈二項分配。因此，擲骰8次後出現2次5點的機率就是似然度，以下方算式表示。

$$f(D \mid \theta) = {}_8C_2\theta^2(1-\theta)^{8-2} = 28\theta^2(1-\theta)^6$$

　　接著，我們來考量事前分配。這個題目裡沒有任何關於機率θ的事前資訊。在這種情況下，我們會將均勻分配設為事前分配。均勻分配指的是「不管參數取什麼樣的值，其機率都相等」，也就是呈現均勻發展的分布狀況。此題θ取的範圍是$0 \leq \theta \leq 1$，因此無論θ值為

何，其發生的機率$P(\theta)$都是1。換言之，如下圖所示，在均勻分配中相當於總機率的四方形面積為1，θ的範圍是1，所以相當於縱軸高度的$P(\theta)$也是1。

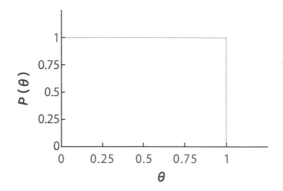

均勻分配 Uni(0, 1)

藉由公式(4)得到事後分配$\pi(\theta\,|\,D)$等於$\pi(\theta\,|\,D)\propto 1\times f(D\,|\,\theta)$[註]。再者，$f(D\,|\,\theta)$的28也是常數，所以最後將$\pi(\theta\,|\,D)$表示成$\pi(\theta\,|\,D)=a\,\theta^{\,2}(1-\theta)^{6}$，這便是事後分配。此處的$a$為常數。

（註）按照定義，邊際概似等於$P(R)=\displaystyle\int_{0}^{1}1\times f(\theta)d\theta=\int_{0}^{1}28\theta^{2}(1-\theta)^{6}d\theta$。

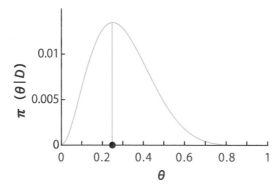

事後分配$\pi(\theta\,|\,D)$的概略圖　**Ex8-1 Bayes**
黑色圓點表示眾數$\theta=0.25$。

畫出此項 $\pi(\theta|D)$ 機率分配的概略圖後，如上圖所示。不過為簡單起見，此處繪製時設 $a=1$。雖然 a 值會使畫出來的曲線產生縱向變化，但曲線形狀本身並不會改變。（正確來說，a 必須是「該曲線與橫軸包圍區面積等於總機率1」的值。）

　　在表示例題4事後分配的特徵上，各位覺得用什麼樣的參數來當點估計的值會比較好理解？候補選項有平均數、眾數和中位數，跟前面基於頻率次數的統計學一樣。這裡我們試著考慮一下眾數。在這張圖中，眾數位於機率密度曲線的頂點位置，即 $\theta=0.25$。這種方法被稱為最大事後機率（Maximum a posteriori；MAP）估計法，它的概念跟之前討論過的最大概似法一樣。其與最大概似法的差異在於是否存在事前機率。

　　此外，憑藉以往的頻率論統計學（雖然試驗次數非常少）可推算出 $\theta=2/8=0.25$，這個數值和最大事後機率法的估計值相同。但這種情況並不總是成立。

某市的市長選舉候選人有L、M和N共3人。在選前調查上,得知20人中有14人支持L,M跟N則各有3名支持者。請以最大事後機率法算出L候選人的支持率,並填寫下方空格Ⓐ到Ⓛ。

由於這題只有支不支持L候選人2種選項,所以20人裡的支持者數量呈Ⓐ分配。L候選人的支持率設為 θ,並依據選前調查結果D算出事後分配 $\pi(\theta|D)$,且 $0 \leqq \theta \leqq 1$。似然度則以下面的 $f(D|\theta)$ 來表示:

$$f(D|\theta) = {}_\boxed{B}C_\boxed{C}\theta^\boxed{D}(1-\theta)^{\boxed{E}-\boxed{F}} = {}_\boxed{B}C_\boxed{C}\theta^\boxed{D}(1-\theta)^\boxed{G}$$

因為沒有關於 θ 的事前資訊,所以預設事前分配為Ⓗ分配,其機率不論對應任何 θ 值都是Ⓘ。事後分配 $\pi(\theta|D)$ 與事先分配和似然度Ⓙ成正比,因此最後以下方算式表示:

$$\pi(\theta|D) = a\theta^\boxed{K}(1-\theta)^\boxed{L}$$

這裡的 a 是常數。假設 $a=1$,並繪製 $\pi(\theta|D)$ 的概略圖如下圖。計算眾數(圖中黑色圓點)後,得知 $\theta=0.7$。這個數值就是用最大事後機率法算出的支持率。

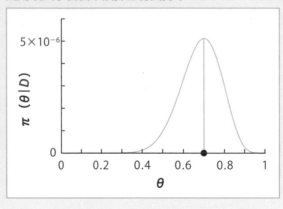

■　**參考**　■　**貝氏統計學的應用實例** ....

正如之前所提到的,似然度與事前分配會採用符合其目標對象的分配,而事後分配則是根據那些數據來計算。這邊我們會說明分別將二項分配和超幾何分配應用在似然度與事前分配上的案例。

為了了解國中某個班級(學生人數35人)有多少人做完作業,我們隨

機抽選9名學生詢問，結果有3名學生已做完作業。讓我們根據這個結果，估算這個班級做完作業的學生人數。

　　學生不是做完作業，就是沒做完作業。因此，若把做完作業的事件設為A，則35人中A的學生人數將呈二項分配。不過，因為沒有任何事前資訊，所以先將學生為A的機率設為0.5。因此A的學生人數分布情況等於二項分配Bi(35, 0.5)，這就是事前分配。接下來是「隨機挑選一部分的學生，並從中得到結果」的數據。超幾何分配很適合用來表示這種調查結果。也就是說，採用母體大小35、樣本數9、樣本成功數3的超幾何分配作為概似函數。事後分配可藉由事前分配和似然函數的乘積來計算，所以實際執行便能獲得下圖3所顯示的事後分配。該分配的眾數是16人，此數值來自最大事後機率法。此外，假使累計各學生人數的機率，則該估計值的95％存在區間（在貝氏統計學上稱為可靠區間）為11人至20人。

　　如此一來，貝氏統計學就能適用於各種領域。尤其是作為安全相關風險評估的一種方法而言，近年來相當盛行採用貝氏統計學進行。

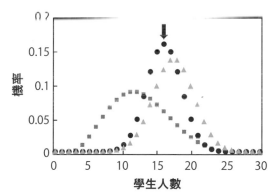

圖3　班上做完作業的學生人數估計

▲：事前分配、■：似然度、●：事後分配
箭頭表示眾數。

第
8
章

貝氏
統計學

常態分配表

此表呈現出對應 z 值之圖中上色區域的面積 $\Phi(z)$。

上方橫排的數字 0～9 代表各列 z 值的小數點第2位。

z	0	1	2	3	4	5	6	7	8	9
0.0	0.500	0.496	0.492	0.488	0.484	0.480	0.476	0.472	0.468	0.464
0.1	0.460	0.456	0.452	0.448	0.444	0.440	0.436	0.433	0.429	0.425
0.2	0.421	0.417	0.413	0.409	0.405	0.401	0.397	0.394	0.390	0.386
0.3	0.382	0.378	0.374	0.371	0.367	0.363	0.359	0.356	0.352	0.348
0.4	0.345	0.341	0.337	0.334	0.330	0.326	0.323	0.319	0.316	0.312
0.5	0.309	0.305	0.302	0.298	0.295	0.291	0.288	0.284	0.281	0.278
0.6	0.274	0.271	0.268	0.264	0.261	0.258	0.255	0.251	0.248	0.245
0.7	0.242	0.239	0.236	0.233	0.230	0.227	0.224	0.221	0.218	0.215
0.8	0.212	0.209	0.206	0.203	0.200	0.198	0.195	0.192	0.189	0.187
0.9	0.184	0.181	0.179	0.176	0.174	0.171	0.169	0.166	0.164	0.161
1.0	0.159	0.156	0.154	0.152	0.149	0.147	0.145	0.142	0.140	0.138
1.1	0.136	0.133	0.131	0.129	0.127	0.125	0.123	0.121	0.119	0.117
1.2	0.115	0.113	0.111	0.109	0.107	0.106	0.104	0.102	0.100	0.099
1.3	0.097	0.095	0.093	0.092	0.090	0.089	0.087	0.085	0.084	0.082
1.4	0.081	0.079	0.078	0.076	0.075	0.074	0.072	0.071	0.069	0.068
1.5	0.067	0.066	0.064	0.063	0.062	0.061	0.059	0.058	0.057	0.056
1.6	0.055	0.054	0.053	0.052	0.051	0.049	0.048	0.047	0.046	0.046
1.7	0.045	0.044	0.043	0.042	0.041	0.040	0.039	0.038	0.038	0.037
1.8	0.036	0.035	0.034	0.034	0.033	0.032	0.031	0.031	0.030	0.029
1.9	0.029	0.028	0.027	0.027	0.026	0.026	0.025	0.024	0.024	0.023
2.0	0.023	0.022	0.022	0.021	0.021	0.020	0.020	0.019	0.019	0.018
2.1	0.018	0.017	0.017	0.017	0.016	0.016	0.015	0.015	0.015	0.014
2.2	0.014	0.014	0.013	0.013	0.013	0.012	0.012	0.012	0.011	0.011
2.3	0.011	0.010	0.010	0.010	0.010	0.009	0.009	0.009	0.009	0.008
2.4	0.008	0.008	0.008	0.008	0.007	0.007	0.007	0.007	0.007	0.006
2.5	0.006	0.006	0.006	0.006	0.006	0.005	0.005	0.005	0.005	0.005
2.6	0.005	0.005	0.004	0.004	0.004	0.004	0.004	0.004	0.004	0.004
2.7	0.003	0.003	0.003	0.003	0.003	0.003	0.003	0.003	0.003	0.003
2.8	0.003	0.002	0.002	0.002	0.002	0.002	0.002	0.002	0.002	0.002
2.9	0.002	0.002	0.002	0.002	0.002	0.002	0.002	0.001	0.001	0.001
3.0	0.001	0.001	0.001	0.001	0.001	0.001	0.001	0.001	0.001	0.001
3.1	0.001	0.001	0.001	0.001	0.001	0.001	0.001	0.001	0.001	0.001
3.2	0.001	0.001	0.001	0.001	0.001	0.001	0.001	0.001	0.001	0.001
3.3	0.000	0.000	0.000	0.000	0.000	0.000	0.000	0.000	0.000	0.000
3.4	0.000	0.000	0.000	0.000	0.000	0.000	0.000	0.000	0.000	0.000
3.5	0.000	0.000	0.000	0.000	0.000	0.000	0.000	0.000	0.000	0.000

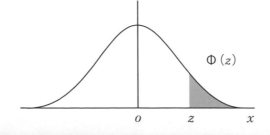

卡方分配表

此表呈現出相對於自由度n，對應圖中上色區域面積 α 的 t 值。

		α								
		0.975	0.95	0.9	0.5	0.1	0.05	0.025	0.01	0.005
n	1	0.001	0.004	0.016	0.455	2.71	3.84	5.02	6.63	7.88
	2	0.051	0.103	0.211	1.39	4.61	5.99	7.38	9.21	10.60
	3	0.216	0.352	0.584	2.37	6.25	7.81	9.35	11.34	12.84
	4	0.484	0.711	1.06	3.36	7.78	9.49	11.14	13.28	14.86
	5	0.831	1.15	1.61	4.35	9.24	11.07	12.83	15.09	16.75
	6	1.24	1.64	2.20	5.35	10.64	12.59	14.45	16.81	18.55
	7	1.69	2.17	2.83	6.35	12.02	14.07	16.01	18.48	20.28
	8	2.18	2.73	3.49	7.34	13.36	15.51	17.53	20.09	21.95
	9	2.70	3.33	4.17	8.34	14.68	16.92	19.02	21.67	23.59
	10	3.25	3.94	4.87	9.34	15.99	18.31	20.48	23.21	25.19
	11	3.82	4.57	5.58	10.34	17.28	19.68	21.92	24.72	26.76
	12	4.40	5.23	6.30	11.34	18.55	21.03	23.34	26.22	28.30
	13	5.01	5.89	7.04	12.34	19.81	22.36	24.74	27.69	29.82
	14	5.63	6.57	7.79	13.34	21.06	23.08	26.12	29.14	31.32
	15	6.26	7.26	8.55	14.34	22.31	25.00	27.49	30.58	32.80
	16	6.91	7.96	9.31	15.34	23.54	26.30	28.85	32.00	34.27
	17	7.56	8.67	10.09	16.34	24.77	27.59	30.19	33.41	35.72
	18	8.23	9.39	10.86	17.34	25.99	28.87	31.53	34.81	37.16
	19	8.91	10.12	11.65	18.34	27.20	30.14	32.85	36.19	38.58
	20	9.59	10.85	12.44	19.34	28.41	31.41	34.17	37.57	40.00
	30	16.79	18.49	20.60	29.34	40.26	43.77	46.98	50.89	53.67
	40	24.43	26.51	29.05	39.34	51.81	55.76	59.34	63.69	66.77
	50	32.36	34.76	37.69	49.33	63.17	67.50	71.42	76.15	79.49
	60	40.48	43.19	46.46	59.33	74.40	79.08	83.30	88.38	91.95
	70	48.76	51.74	55.33	69.33	85.53	90.53	95.02	100.43	104.21
	80	57.15	60.39	64.28	79.33	96.58	101.88	106.63	112.33	116.32
	90	65.65	69.13	73.29	89.33	107.57	113.15	118.14	124.12	128.30
	100	74.22	77.93	82.36	99.33	118.50	124.34	129.56	135.81	140.17

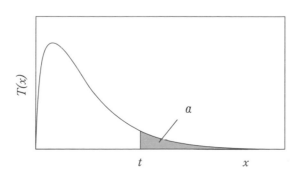

F分配表

此表呈現出相對於自由度m與n，對應圖中上色區域面積為0.01的 t 值。

n \\ m	1	2	3	4	5	6	7	8
1	4052	4999	5403	5625	5764	5859	5928	5981
2	98.50	99.00	99.17	99.25	99.30	99.33	99.36	99.37
3	34.12	30.82	29.46	28.71	28.24	27.91	27.67	27.49
4	21.20	18.00	16.69	15.98	15.52	15.21	14.98	14.80
5	16.26	13.27	12.06	11.39	10.97	10.67	10.46	10.29
6	13.75	10.92	9.78	9.15	8.75	8.47	8.26	8.10
7	12.25	9.55	8.45	7.85	7.46	7.19	6.99	6.84
8	11.26	8.65	7.59	7.01	6.63	6.37	6.18	6.03
9	10.56	8.02	6.99	6.42	6.06	5.80	5.61	5.47
10	10.04	7.56	6.55	5.99	5.64	5.39	5.20	5.06
11	9.65	7.21	6.22	5.67	5.32	5.07	4.89	4.74
12	9.33	6.93	5.95	5.41	5.06	4.82	4.64	4.50
13	9.07	6.70	5.74	5.21	4.86	4.62	4.44	4.30
14	8.86	6.51	5.56	5.04	4.69	4.46	4.28	4.14
15	8.68	6.36	5.42	4.89	4.56	4.32	4.14	4.00
16	8.53	6.23	5.29	4.77	4.44	4.20	4.03	3.89
17	8.40	6.11	5.18	4.67	4.34	4.10	3.93	3.79
18	8.29	6.01	5.09	4.58	4.25	4.01	3.84	3.71
19	8.18	5.93	5.01	4.50	4.17	3.94	3.77	3.63
20	8.10	5.85	4.94	4.43	4.10	3.87	3.70	3.56
30	7.56	5.39	4.51	4.02	3.70	3.47	3.30	3.17
40	7.31	5.18	4.31	3.83	3.51	3.29	3.12	2.99
50	7.17	5.06	4.20	3.72	3.41	3.19	3.02	2.89
60	7.08	4.98	4.13	3.65	3.34	3.12	2.95	2.82
70	7.01	4.92	4.07	3.60	3.29	3.07	2.91	2.78
80	6.96	4.88	4.04	3.56	3.26	3.04	2.87	2.74
90	6.93	4.85	4.01	3.53	3.23	3.01	2.84	2.72
100	6.90	4.82	3.98	3.51	3.21	2.99	2.82	2.69

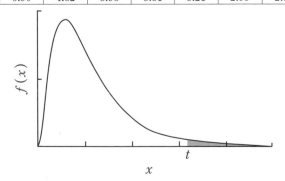

9	10	12	14	16	20	30	40	50
6022	6056	6106	6143	6170	6209	6261	6287	6303
99.39	99.40	99.42	99.43	99.44	99.45	99.47	99.47	99.48
27.35	27.23	27.05	26.92	26.83	26.69	26.50	26.41	26.35
14.66	14.55	14.37	14.25	14.15	14.02	13.84	13.75	13.69
10.16	10.05	9.89	9.77	9.68	9.55	9.38	9.29	9.24
7.98	7.87	7.72	7.60	7.52	7.40	7.23	7.14	7.09
6.72	6.62	6.47	6.36	6.28	6.16	5.99	5.91	5.86
5.91	5.81	5.67	5.56	5.48	5.36	5.20	5.12	5.07
5.35	5.26	5.11	5.01	4.92	4.81	4.65	4.57	4.52
4.94	4.85	4.71	4.60	4.52	4.41	4.25	4.17	4.12
4.63	4.54	4.40	4.29	4.21	4.10	3.94	3.86	3.81
4.39	4.30	4.16	4.05	3.97	3.86	3.70	3.62	3.57
4.19	4.10	3.96	3.86	3.78	3.66	3.51	3.43	3.38
4.03	3.94	3.80	3.70	3.62	3.51	3.35	3.27	3.22
3.89	3.80	3.67	3.56	3.49	3.37	3.21	3.13	3.08
3.78	3.69	3.55	3.45	3.37	3.26	3.10	3.02	2.97
3.68	3.59	3.46	3.35	3.27	3.16	3.00	2.92	2.87
3.60	3.51	3.37	3.27	3.19	3.08	2.92	2.84	2.78
3.52	3.43	3.30	3.19	3.12	3.00	2.84	2.76	2.71
3.46	3.37	3.23	3.13	3.05	2.94	2.78	2.69	2.64
3.07	2.98	2.84	2.74	2.66	2.55	2.39	2.30	2.25
2.89	2.80	2.66	2.56	2.48	2.37	2.20	2.11	2.06
2.78	2.70	2.56	2.46	2.38	2.27	2.10	2.01	1.95
2.72	2.63	2.50	2.39	2.31	2.20	2.03	1.94	1.88
2.67	2.59	2.45	2.35	2.27	2.15	1.98	1.89	1.83
2.64	2.55	2.42	2.31	2.23	2.12	1.94	1.85	1.79
2.61	2.52	2.39	2.29	2.21	2.09	1.92	1.82	1.76
2.59	2.50	2.37	2.27	2.19	2.07	1.89	1.80	1.74

*t*分配表

此表呈現出相對於自由度n，對應圖中上色區域面積α（單側分別是$\alpha/2$）的t值。

| | α | | | | |
	0.1	0.05	0.025	0.01	0.005
n 1	6.314	12.706	25.452	63.657	127.32
2	2.920	4.303	6.205	9.925	14.089
3	2.353	3.182	4.177	5.841	7.453
4	2.132	2.776	3.495	4.604	5.598
5	2.015	2.571	3.163	4.032	4.773
6	1.943	2.447	2.969	3.707	4.317
7	1.895	2.365	2.841	3.499	4.029
8	1.860	2.306	2.752	3.355	3.833
9	1.833	2.262	2.685	3.250	3.690
10	1.812	2.228	2.634	3.169	3.581
11	1.796	2.201	2.593	3.106	3.497
12	1.782	2.179	2.560	3.055	3.428
13	1.771	2.160	2.533	3.012	3.372
14	1.761	2.145	2.510	2.977	3.326
15	1.753	2.131	2.490	2.947	3.286
16	1.746	2.120	2.473	2.921	3.252
17	1.740	2.110	2.458	2.898	3.222
18	1.734	2.101	2.445	2.878	3.197
19	1.729	2.093	2.433	2.861	3.174
20	1.725	2.086	2.423	2.845	3.153
30	1.697	2.042	2.360	2.750	3.030
40	1.684	2.021	2.329	2.704	2.971
50	1.676	2.009	2.311	2.678	2.937
60	1.671	2.000	2.299	2.660	2.915
70	1.667	1.994	2.291	2.648	2.899
80	1.664	1.990	2.284	2.639	2.887
90	1.662	1.987	2.280	2.632	2.878
100	1.660	1.984	2.276	2.626	2.871
120	1.658	1.980	2.270	2.617	2.860
140	1.656	1.977	2.266	2.611	2.852

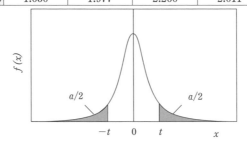

測驗解答

第1章

測驗 1　78.2（區間尺度）

測驗 2　先將數據從小到大排序（按升序），然後劃分組別，例如區間幅度為250萬圓，藉此繪製出以下圖表：

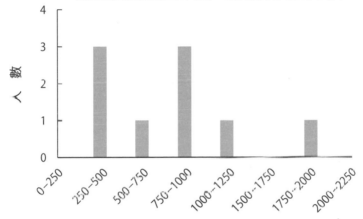

測驗 3

1. $\displaystyle\sum_{i=2}^{6} i = 2+3+4+5+6 = 20$

2. $\displaystyle\sum_{i=2}^{4} i^2 = 2^2+3^2+4^2 = 4+9+16 = 29$

3. $\displaystyle\sum_{i=1}^{5} 2 = 2+2+2+2+2 = 10$

4. $\displaystyle\sum_{i=1}^{4} bi = b+2b+3b+4b = 10b$

5. $\displaystyle\sum_{i=1}^{8} b = 8b$

6. $\displaystyle\sum_{i=1}^{4}(b+i)=(b+1)+(b+2)+(b+3)+(b+4)=4b+10$

測驗 4

1. 將數據從最小值開始按順序排列，即{12, 15, <u>26</u>, 34, 73}。5個（奇數）數值的正中心是第3個數值（標底線處），所以26就是中位數。

2. 將數據從最小值開始按順序排列，即{11, 28, <u>34</u>, <u>56</u>, 67, 90}。6個（偶數）數值的中位數是第3和第4個數值（標底線處）的平均數，所以(34＋56)／2＝45即為中位數。

測驗 5

眾數是56分（出現2次）。將這些數據由小到大排列，就會變成49、56、56、<u>63</u>、<u>75</u>、78、80、83，中位數是從63和75的平均數，即69分。

測驗 6

樣本變異數　92.9，不偏樣本變異數　111，樣本標準差　9.64，不偏標準差　10.6

測驗 7　　　0.704

第2章

測驗 1

1. $A = \{3,4,5,6,7,8,9\}$
2. $B = \{2,4,6,8,10\}$
3. $C = \{2,3,4,5,6,7,8,9,10\}$
4. $D = \{4,6,8\}$

測驗 2

1. $A \cap B = \{4,5,7\}$
2. $A \cup B = \{2,3,4,5,6,7,9\}$
3. $A_c = \{1,6,8,9,10,11,12\}$

測驗 3

$n(B) = n(U) - n(B_c) = 100 - 40 = 60$

$n(A \cap B) - n(B) \quad n(A_c \cap B) - 60 - 20 = 40$

$n(A) = n(A \cap B) + n(A \cup B) - n(B) = 40 + 70 - 60 = 50$

亦或是$n(A) = n(A \cup B) - n(A_c \cap B) = 70 - 20 = 50$

測驗 4

1. $5! = 5 \times 4 \times 3 \times 2 \times 1 = 120$

2. $3! \times 3! = (3 \times 2 \times 1)^2 = 36$

3. $\dfrac{5!}{3!} = \dfrac{5 \times 4 \times 3 \times 2 \times 1}{3 \times 2 \times 1} = 5 \times 4 = 20$

4. $\dfrac{7!}{10!} = \dfrac{7 \times 6 \times 5 \times 4 \times 3 \times 2 \times 1}{10 \times 9 \times 8 \times 7 \times 6 \times 5 \times 4 \times 3 \times 2 \times 1} = \dfrac{1}{10 \times 9 \times 8} = \dfrac{1}{720}$

測驗 5

1. $_8P_3 = 8!/5! = 8 \times 7 \times 6 = 336$

2. $_7P_3 = 7!/5! = 7 \times 6 = 42$

3. $_7P_5 = 7!/2! = 7 \times 6 \times 5 \times 4 \times 3 = 2520$

測驗 6

$_{12}P_3 = 12!/9! = 12 \times 11 \times 10 = 1320$ （種）

測驗 7

1. $8!/(5! \times 3!) = 8 \times 7 \times 6/(3 \times 2 \times 1) = 56$

2.　$7! / (5! \times 2!) = 7 \times 6 / 2 = 21$

3.　$7! / (2! \times 5!) = 21$

測驗8　　　$_{20}C_3 = 20! / (17! \times 3!) = 20 \times 19 \times 18 / (3 \times 2) = 1140$（種）

測驗9

選出4顆紅球的方法是$_6C_4$，選出1顆黃球的方法是$_4C_1$，題目所求的組合為上述兩者的積，故：

$_6C_4 \times _4C_1 = 6! / (2! \times 4!) \times 4! / (3!1!) = 6! / (2!3!) = 4 \times 5 \times 3 = 60$（種）

測驗10

拋擲2次公正骰子，其擲出點數的元素個數是36。另一方面，總和在10以上的事件如 表1 所示，由{4, 6}、{5, 5}、{5, 6}、{6, 4}、{6, 5}、{6, 6}共6個元素組成。因此，該事件發生的機率是$P(D) = 6 / 36 = 1 / 6$。

測驗11

拋擲3次硬幣時的擲出結果組合，第1次是{正、反}這2種可能，而第3次是{正正正}、{正正反}、{正反正}、……等$2^3 = 8$種。

(i)反面只出現1次的事件，元素為{正正反}、{正反正}、{反正正}，其總數為3。因此算出的機率是$\frac{3}{8}$。

(ii)反面出現1次或更多次以上的事件元素，除了(i)以外還有{反反正}、{反正反}、{正反反}、{反反反}，共7種。因此求得其機率為$\frac{7}{8}$。

測驗12

從30人裡選出3個人的方法有$_{30}C_3$種，從男生16人裡選出3個人的方法則有$_{16}C_3$種。因此，題目所求機率為$_{16}C_3 / _{30}C_3 = \frac{4}{29}$。

另解：從班級30人中選出的第1個幹部是男生的機率，因為有16個男生，所以是16/30。因為剩下的29人中還有15名男生，所以第2人也是男生的機率為15/29；同理，第3人也是男生的機率是14/28，因此所

有成員都是男生的機率是 $\dfrac{16}{30} \times \dfrac{15}{29} \times \dfrac{14}{28} = \dfrac{4}{29}$。

測驗13

　　硬幣反面出現1次或1次以上的事件，其餘事件為「3次都擲出正面」，所以題目所求的元素個數是所有元素減去上述值，即為 $8 - 1 = 7$。因此算出的機率是 $\dfrac{7}{8}$。

測驗14　　(iii)和(iv)。

測驗15　　總元素 S 的數量 $n(S) = 52$。

1.　人頭牌(F)共12張，所以算出的機率 $P(F)$ 是 $\dfrac{12}{53} = \dfrac{3}{13}$。

2.　方塊花色(D)的人頭牌(F)有3張，所以算出的機率 $P(D \cap F)$ 是 $\dfrac{3}{52}$。

3.　由公式(8)可知 $P(D \cup F) = P(D) + P(F) - P(D \cap F)$ 的等式關係成立，將各數值代入其中求解。因為 $P(D) = 13/52$，所以：

$$P(D \cup F) = \dfrac{13}{52} + \dfrac{12}{52} - \dfrac{3}{52} = \dfrac{22}{52} = \dfrac{11}{26}$$

測驗16

1.　單一產品不合格的機率為0.003，因此2件都不合格的機率是 $0.003^2 = 0.000009$。

2.　這個餘事件是「2件都不合格」，所以其機率為 $(1 - 0.003)^2 = 0.997^2$。因此算出的機率 $1 - 0.997^2 = 0.006$。

測驗17

　　單一題目答對的機率可視為 $1/5$。由於餘事件是「4題都答對」，所以其機率是 $(1/5)^4$。因此所求機率為 $1 - (1/5)^4 = 624/625 \approx 0.998$。

1. 該名學生通過物理考試的機率是$P(Phy) = 0.75$，通過化學考試的機率為$P(Che) = 0.85$，物理跟化學考試都通過的機率則以$P(Phy \cap Che) = 0.6$表示。將所求機率$P(Phy|Che)$套用公式⑽，即：

$$P(Phy|Che) = \frac{P(Phy \cap Che)}{P(Che)} = \frac{0.6}{0.85} = \frac{12}{17} \approx 0.706$$

2. 由公式⑻可知$P(Phy \cup Che) = P(Phy) + P(Che) - P(Phy \cap Che) = 0.75 + 0.85 - 0.6 = 1$（也就是沒有人2科都沒通過。）

第1次骰出點數是5點的事件A，其元素是$A = \{(5, 1), (5, 2), \cdots (5, 6)\}$，$n(A) = 6$。將總和在10以上的事件設為$B$，則事件$A \cap B$的元素為$\{(5, 5), (5, 6)\}$。因此，機率$P(B|A) = \frac{2}{6} = \frac{1}{3}$。

1. 由$P(A \cup B) = P(A) + P(B) - P(A \cap B)$

    可知$P(A \cap B) = \frac{1}{3} + \frac{1}{4} - \frac{1}{2} = \frac{1}{12}$

    $P(A|B) = P(A \cap B)/P(B) = (1/12)/(1/4) = \frac{1}{3}$

    $P(B|A) = P(A \cap B)/P(A) = (1/12)/(1/3) = \frac{1}{4}$

2. $P(A)P(B) = (1/3)(1/4) = 1/12$，因為得出的結果等於$P(A \cap B)$，所以A和B各自獨立。

由於各機率的總和為1，所以得知X只取表中的4個數值。
E[X] = $0.2 \times 2 + 0.4 \times 4 + 0.2 \times 5 - 0.2 \times 2 = 0.4 + 0.6 + 1 - 0.4 = 2.6$

套用公式(21)可得 $V[X]=0.2\times2^2+0.4\times4^2+0.2\times5^2+0.2\times(-2)^2-2.6^2=0.8+6.4+5+0.8-6.76=6.24$

另解：$V[X]=0.2\times(2-2.6)^2+0.4\times(4-2.6)^2+0.2\times(5-2.6)^2+0.2\times(-2-2.6)^2=0.2\times(-0.6)^2+0.4\times1.4^2+0.2\times2.4^2+0.2\times(-4.6)^2=6.24$

測驗 22

假設中獎金額是隨機變數 X，X 有 $1/10000$ 的機率為 10 萬元，同時有 $1-1/10000=99/10000$ 的機率為 0 元。因此：

$E[X]=1/10000\times100000+9999/100000\times0=10$

$V[X]=1/10000\times100000^2+9999/10000\times0^2-10^2=10^6-100=999900$

另解：$V[X]=1/10,000\times(1000,000-10)^2+9,999/10,000\times(0-10)^2$
$\qquad\qquad=999800.01+99.99-999,900$

測驗 23

若計算這枚硬幣丟擲 1 次時的平均數和變異數，即：

$$E[X_i]=\frac{1}{2}\times1+\frac{1}{2}\times0=\frac{1}{2}$$

$$V[X_i]=\frac{1}{2}\times1^2+\frac{1}{2}\times0^2-\left(\frac{1}{2}\right)^2=\frac{1}{2}-\frac{1}{4}=\frac{1}{4}$$

由於每次試驗之間不會互相影響，所以投擲 6 次後的平均數和變異數為：

$$E[X]=\sum_{i=1}^{6}E[X_i]=\frac{1}{2}\times6=3$$

$$V[X]=\sum_{i=1}^{6}V[X_i]=\frac{1}{4}\times6=\frac{3}{2}$$

第3章

測驗 1

$E[X] = p \times 1 + (1-p) \times 0 = p$

$V[X] = p \times 1^2 + (1-p) \times 0^2 - p^2 = p - p^2 = p(1-p)$

另解：$V[X] = p \times (1-p)^2 + (1-p) \times (0-p)^2 = (1-p)[p(1-p)+p^2]$
$\qquad\qquad = (1-p)p$

測驗 2

　　各別題目答對的機率是 $1/4$，所以根據公式(6)，6題中答對3題的機率為 $_6C_3(1/4)^3(1-1/4)^{6-3} = 20 \times (1/4)^3(3/4)^3 \approx 0.132$。「至少有1題答對」事件的餘事件是「全部都沒答對」。由於其機率是 $_6C_0(1/4)^0(1-1/4)^{6-0} = (3/4)^6$，所以所求機率為 $1-(3/4)^6 \approx 0.822$。

測驗 3

　　平均數是 $8 \times (1/4) = 2$，變異數則是 $8 \times (1/4) \times (1-1/4)$ $= 2 \times 3/4 = 3/2$。

測驗 4

　　A市的交通意外數目呈每天平均2件的波氏分配。由公式(6)可得 $1 - f(0) - f(1) = 1 - 0.135 - 0.271 = 0.594$。

測驗 5

　　$V[X]/E[X] = (E[X]/p)/E[X] = (1/p)/1 = 1/p > 1$，且 $0 < p < 1$。因此 $V[X] > E[X]$。

　　另解：$V[X] - E[X] = (E[X]/p) - E[X] = (1/p)-1 > 0$，且 $0 < p < 1$，所以 $1/p > 1$。因此 $V[X] > E[X]$。

測驗 6

　　從100件產品A裡選出5件的方法有 $_{100}C_5$ 種。$5-1 = 4$ 件合格產品的選擇方式有 $_{98}C_1$ 種，選出1件不合格產品的方式則有 $_{100-98}C_1 = _2C_1$ 種。因

此，題目所求機率是$_{98}C_4 \times {}_2C_1 / {}_{100}C_5 = 3612280 \times 2 / 75287520 = 0.0960$。

另外，如果認定100和98的數值夠大，便能用二項分配來計算近似值。也就是說，抽出合格品的機率是$98/100 = 0.98$，所以依照二項分配，所求機率為$_5C_4 (0.98)^4 (1-0.98)^{5-4} = 0.0922$。

在這一題上，其數值與超幾何分配算出的值0.0960之間存在些許差異。

測驗 7

   a. $\sigma^2 = np(1-p) = 4 \times 0.25 \times (1-0.25) = 0.75$

   b. $\sigma^2 = np(1-p) = 100 \times 0.25 \times (1-0.25) = 18.75$

測驗 8

將1,180g進行標準化轉換後，$Z = (1180-1200)/11 = -1.818\cdots$。因此，1,180g以下的機率為$P(-\infty \leq Z \leq -1.82)$，而查閱常態分配表得到的機率為$P(1.82 \leq Z \leq +\infty) = 0.0344$。不過$P(1.82 \leq Z \leq +\infty)$和$P(-\infty \leq Z \leq -1.82)$相對於$Z = 0$呈左右對稱的關係，所以其數值相同。因此，算出的機率是0.0344。

測驗 9

拋擲硬幣並出現正面的事件呈機率$1/2$的二項分配。因此，拋200次後出現正面的次數X是隨機變數，其平均數為$np = 200/2 = 100$。另外，由變異數$np(1-p) = 200/2 \times (1-1/2) = 200/4 = 50$可知標準差等於7.07。

因為這項試驗做了200次之多，所以可以認定X呈平均數100、標準差7.07的常態分配。因此，將X等於120以上的機率標準化後，獲得$Z = (120-100)/7.07 = 2.828\cdots$。所求機率為$P(2.83 \leq Z \leq +\infty)$，按常態分配表得知其為0.0023。

測驗 10 $c = \dfrac{1}{(9-4)} = \dfrac{1}{5}$

測驗 11

1. 若預設取出白球的事件成功，便用負二項分配來考量。
2. 由於符合題目需求的產品數量可能很少，所以適用波氏分配。

3. 因為是對20個人推算該名乘客是否為女性，所以可用二項分配處理。
4. 總人數有4,000人之多，所以適合使用常態分配。

第4章

測驗 1

因為樣本量40相對較多，所以此樣本平均數會呈現常態分配 $N(67, 28/40)$，也就是 $N(67, 0.7)$ 的近似值。接著，將65分及70分標準化轉換，得到 $(65-67)/\sqrt{0.7} = -2.39$ 及 $Z_{69} = (69-67)/\sqrt{0.7} = 2.39$。根據常態分配表，由於 $P(Z \geq 2.39) = 0.0084$，因此 $P(0 \leq Z \leq 2.39) = 0.5 - 0.0084 = 0.4916$。機率密度曲線以平均數0為中心呈左右對稱，所以 $P(-2.39 \leq Z \leq 2.39) = 0.4916 \times 2 = 0.983$。

在Excel使用函數＝NORM.S.DIST(2.39, TRUE)並輸入 Z 值，因為是計算機率，所以Cumulative設為TURE。結果為 $P(Z \leq 2.39) = 0.9916$，計算 $P(0 \leq Z \leq 2.39) = 0.9916 - 0.5 = 0.4916$，並將其值乘以2倍，即 $P(-2.39 \leq Z \leq 2.39) = 0.4916 \times 2 = 0.983$。

測驗 2

由於樣本量37相對較大，所以其樣本平均數可適用於中央極限定理。因此，若用公式(3)將平均數不到60的機率標準化轉換，則得到：
$$Z = (60-63)/(\sqrt{36}/\sqrt{37-1}) = -3/(6/6) = -3$$
因此，從常態分配表來看，所求機率 $P(Z < -3)$ 等於 $P(Z > 3)$，即 0.00135。

測驗 3

根據中央極限定理，μ 等於樣本平均數等於320g，σ^2 則可用 $20 = \sigma^2/4$ 推估為 $\sigma^2 = 80g^2$。

測驗 4

依照中央極限定理，產品S的樣本平均數期望值等於 μ，即320g，變異數則可以估算為 $\sigma^2/n = 80/8 = 10g^2$。因此，其樣本平均數呈 $N(320, 10)$ 分配。

　　據中央極限定理所述，μ等於樣本平均數，所以可推測其值為8.6。另一方面，σ^2則能透過$2.3 = \sigma^2/8$推算為$\sigma^2 = 18.4$。因此得以預估$\sigma = 4.29$。

　　其平方和呈自由度4的卡方分配。利用書後的卡方分配表，查出$P(9.49 \leq x \leq +\infty) = 0.05$。

　　套用公式(8)，算出$T = \sqrt{(17-1)} \times (14.1-13)/\sqrt{4} = 2.2$。從書後的$t$分配表($\alpha = 0.05$)查出自由度16且位於兩側5％（單側2.5％）範圍內的是T大於等於2.12或小於等於−2.12的區域。因為$T = 2.2 > 2.12$位於該範圍內，所以可認定上述結果發生的機率低於5％。

　　Excel函數＝T.DIST.2T(2.2, 16)＝0.0429，所以也可以判斷其值小於5％。

第 5 章

測驗 1

平均數的不偏估計量等於樣本平均數，所以是71。變異數的不偏估計量則代入$n = 8$算出$36 \times 8/(8-1) = 41$。

測驗 2

信賴水準90%時，$Z_1 = 1.65$。根據公式(8)，母體平均數μ的信賴區間如下所示：

$$295 - \frac{\sqrt{64}}{\sqrt{25}} \times 1.65 < \mu < 295 + \frac{\sqrt{64}}{\sqrt{25}} \times 1.65$$

加以計算後，得知結果為$292 < \mu < 298$。

測驗 3

將$\overline{X} = 56$、$u - \sqrt{25} = 5$、$n = 31$代入公式(9)。t_1是自由度30跟$\alpha = 0.05$交會的值，所以$t_1 = 2.04$。因此：

$$-56 - \frac{5 \times 2.04}{\sqrt{31}} < \mu < 56 + \frac{5 \times 2.04}{\sqrt{31}}$$

計算此方程式，便能推估出$54.2 < \mu < 57.8$。

測驗 4

$n = 9$、$U^2 = 7.0$，根據卡方分配表，自由度$9 - 1 = 8$時信賴水準95%，因此得出$x_1 = 2.18$及$x_2 = 17.5$。將這些數值代入公式(11)後，信賴區間是透過計算$8 \times 7.0/17.5 < \sigma^2 < 8 \times 7.0/2.18$，得出$3.2 < \sigma^2 < 25.7$。

測驗 5

Ⓐ0.192　Ⓑ0.192　Ⓒ0.192　Ⓓ120　Ⓔ0.192
Ⓕ0.192　Ⓖ0.192　Ⓗ120

測驗 1

Ⓐ$\frac{1}{6}$　Ⓑ300　Ⓒ$\frac{1}{6}$　Ⓓ300　Ⓔ$\frac{1}{6}$　Ⓕ300　Ⓖ$\frac{1}{6}$　Ⓗ$\frac{1}{6}$

Ⓘ300　Ⓙ50　Ⓚ6.45　Ⓛ0　Ⓜ1　Ⓝ50

Ⓞ6.45　Ⓟ1.96　Ⓠ未被　Ⓡ無法證實並不公正

不過，Ⓓ跟Ⓔ、Ⓕ跟Ⓖ的數值可以互相交換。

測驗 2

　　將「這顆骰子很正常」立為虛無假設。也就是說，假設這顆骰子骰出5點的機率為p，H₀就是「$p＝1/6$」；因為打算檢定「這顆骰子是否容易骰出5點」，所以H₁等於「$p＞1/6$」。因此，此題要用單尾檢定（右尾）來進行。可認定拋擲300次並骰出5點的次數呈二項分配$Bi(300, 1/6)$。因此其平均數及變異數跟測驗1一樣，是$\mu＝50$及$\sigma^2＝6.45^2$。

　　另一方面，由於拋擲骰子的次數有300次之多，所以骰出目標值的次數X將呈現常態分配$N(50, 6.45^2)$。因此，在執行下述標準化轉換後，其統計量Z呈$N(0, 1)$分布。

$$Z＝\frac{X－\mu}{\sigma}$$

　　因為$X＝55$，所以$Z＝(55－50)/6.45＝0.775$。顯著水準0.05時，透過標準常態分配得知右尾檢定的拒絕域是$Z＝1.65$以上的範圍。根據$Z＝0.775＜1.65$，如圖 1 b所示，$Z＝0.775$位於拒絕域外，因此虛無假設並未遭到駁回。於是判定為「無法證明這顆骰子是否容易骰出5點」。

測驗 3

　　設立虛無假設H₀為「昨天的平均數與平常的平均數相等」，並計算下面的檢定統計量Z。

$$Z＝\frac{\overline{X}－\mu}{\sigma/\sqrt{n}}$$

結果$Z＝(68.2－70.1)/(8.9/\sqrt{36})＝－1.28$。因為要檢定雙方的大

小關係，所以採用單尾（左尾）檢定，得出 $-1.65 < Z = -1.28$，Z 並未存在於 5％ 拒絕域內。於是，假設未被駁回，可判定「無法證明昨天考試的平均數比平時低」。

測驗 4　Ⓐ31　Ⓑ62.3　Ⓒ8.5　Ⓓ30　Ⓔ1.70

測驗 5　Ⓐ988　Ⓑ7.6　Ⓒ40　Ⓓ40　Ⓔ右　Ⓕ1.65　Ⓖ外

測驗 6　Ⓐ0.55　Ⓑ135　Ⓒ280　Ⓓ0　Ⓔ1　Ⓕ1.96　Ⓖ1.96
　　　　　Ⓗ內　Ⓘ不同

測驗 7　Ⓐ0.00741　Ⓑ0　Ⓒ1　Ⓓ0.0022　Ⓔ270　Ⓕ1.65

測驗 8

　　設立虛無假設為「C與D的平均數相同」，對立假設則設成「C與D的平均數不同」。利用 Excel 執行 z 檢定，得到的數據如下表，$z = 1.46\cdots$ 並不位於顯著水準 5％ 的拒絕域 $z > 1.96$ 範圍內，因此無法認定存在顯著差異，判定無法證明C與D的平均數不同。此處的 p value $= 0.141\cdots$（> 0.05）。

z檢定：兩個母體平均數差異檢定		
	變數 1	變數 2
平均數	9.25	8.277778
已知的變異數	9.11	6.66
觀察值個數	36	36
假設的均數差	0	
z	1.468929	
P(Z<=z) 單尾	0.070926	
臨界值：單尾	1.644854	
P(Z<=z) 雙尾	0.141852	
臨界值：雙尾	1.959964	

測驗 9

　　每個樣本量都不到30，所以此題要做 t 檢定。設立虛無假設為「最初兩班分數的變異數並無差距」。從C班與D班取得的樣本變異數如下

所示，透過 F 檢定（雙尾 2 ％）得知 F 為 1.46，小於臨界值 4.79，故可認為其中並無顯著差異。p值亦顯示出 0.302 的高值。

F 檢定：兩個常態母體變異數的檢定		
	變數 1	變數 2
平均數	76.11111	79.77778
變異數	48.11111	32.94444
觀察值個數	9	9
自由度	8	8
F	1.460371	
P(F<=f) 單尾	0.30236	
臨界值：單尾	4.789995	

之後對 2 個平均數進行 t 檢定（雙尾 5 ％），獲得結果如下。t 值是 -1.22，位於自由度 16 的拒絕域（$t < -2.12$ 且 $t > 2.12$）外。因此無法證明兩班的平均數具有顯著差異。

t 檢定：兩個母體平均數差的檢定，假設變異數相等		
	變數 1	變數 2
平均數	76.11111	79.77778
變異數	48.11111	32.94444
觀察值個數	9	9
Pooled 變異數	40.52778	
假設的均數差	0	
自由度	16	
t 統計	-1.221803	
P(T<=t) 單尾	0.119739	
臨界值：單尾	1.745884	
P(T<=t) 雙尾	0.239478	
臨界值：雙尾	2.119905	

測驗 10

F 檢定：兩個常態母體變異數的檢定		
	變數 1	變數 2
平均數	62.5	66.9
變異數	232.2778	41.65556
觀察值個數	10	10
自由度	9	9
F	5.576154	
P(F<=f) 單尾	0.0087	
臨界值：單尾	5.351129	

用 F 檢定（顯著水準 1 ％）調查從養雞場C與D取得的資料變異數是否有區別。結果如左表所示，F 為 5.57…，此數值與 1 相去甚遠，比臨界值單尾的數值還高，這代表兩個變異數之間存在顯著差異。

t 檢定：兩個母體平均數差的檢定，假設變異數不相等		
	變數 1	變數 2
平均數	62.5	66.9
變異數	232.278	41.65556
觀察值個數	10	10
假設的均數差	0	
自由度	12	
t 統計	-0.8407	
P(T<=t) 單尾	0.20848	
臨界值：單尾	1.78229	
P(T<=t) 雙尾	0.41696	
臨界值：雙尾	2.17881	

接著，執行「假設變異數並不相等」的 t 檢定，顯示出左表的結果。因為本題想找出養雞場C跟D之雞蛋重量平均的差異，所以採用雙尾檢定。 t 值 -0.8407 在拒絕域（ $t < -2.17\cdots$ 和 $2.17\cdots < t$ ）外，故虛無假設未被駁回。因此，無法在養雞場C與D的雞蛋重量平均上看出顯著差異。

測驗11

設立虛無假設為「實施這套飲食療法前後的平均數並無差異」。對立假設則要知道療法是否有效，也就是血壓有無下降，因此採單尾檢定。運用Excel資料分析功能的「t檢定：成對母體平均數差異檢定」，得出下方結果。 $t = 3.02\cdots$ 比單尾臨界值 $1.79\cdots$ 還高，位於拒絕域內，所以虛無假設遭到駁回。p值也只有0.00575，數值非常小。因此判定這套飲食療法其實有效。

t 檢定：成對母體平均數差異檢定		
	變數 1	變數 2
平均數	159.167	154.167
變異數	120.333	117.061
觀察值個數	12	12
皮耳森相關係數	0.86222	
假設的均數差	0	
自由度	11	
t 統計	3.02765	
P(T<=t) 單尾	0.00575	
臨界值：單尾	1.79588	
P(T<=t) 雙尾	0.0115	
臨界值：雙尾	2.20099	

測驗12 因為標準常態分配 $N(0,1)$ 在 Z 為 -1 到 1 之間的區間內的機率都相等，所以答案是0.683。

測驗13

假設每組的機率遵循遺傳法則為 $3:2:2:1$ ，則以A組來說，其

機率為$3/(3+2+2+1)=3/8$。於是將「樣本隸屬A、B、C、D組的機率各為$3/8$、$2/8$、$2/8$、$1/8$」立為虛無假設。另外，所有試樣的數量總計為320朵，所以可藉此算出每一組的期望次數。例如A組求得$320×(3/8)=120$朵。同理可證，B＝C＝80、D＝40。接下來計算（觀測次數－期望次數）^{2}/期望次數，A組算出$(113-120)^2/120=0.408$，公式⑺的總和X為0.933。另一方面，從卡方分配表中，以自由度查出5％拒絕域為$X>7.81$。$X=0.933<7.81$在拒絕域外，這個假設未被駁回，因此不能認定這個觀察結果存在顯著差異，判斷無法證明這種現象不符合遺傳法則。

測驗14

建立虛無假設為「食品B與此事件無關（獨立）」，並從觀測次數算出期望次數，如下表所示。

	發病	未發病	總計
用餐	30.9	16.1	47
未用餐	19.1	9.9	29
總計	50	26	76

從這2張表算出公式⑻的X等於0.895。從卡方分配表上得知5％拒絕域為$X>3.84$。X值位在拒絕域外，所以這個假設未被駁回。因此無法證明食品B與此事件有關。

測驗15　　風險比：$(29/47)/(21/29)=0.852$
勝算比：$(29/18)/(21/8)=0.614$

第7章

測驗 1 可得到如下圖般的分析結果。

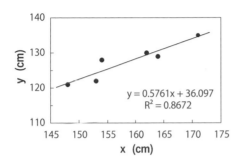

y = 0.5761x + 36.097
R² = 0.8672

測驗 2

在Excel上做複迴歸分析後，獲得結果如下表所示。

		係數	標準誤	t統計	P－值
	截距	192.121	88.3538	2.17445	0.09533
科目A	X變數1	−1.4885	1.38864	−1.0719	0.34414
科目B	X變數2	4.43266	2.49129	1.77926	0.14981

因此估算總分S的方程式以S＝－1.49A＋4.43＋192來表示。

作為參考，實際分數和推測分數如下圖所示。

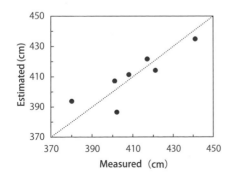

第8章

測驗 1
Ⓐ0.98　Ⓑ0.00001　Ⓒ98　Ⓓ2　Ⓔ10^{-5}　Ⓕ0.98
Ⓖ0.02　Ⓗ0.00049　Ⓘ49

測驗 2
Ⓐ0.05　Ⓑ0.95　Ⓒ10^{-5}　Ⓓ0.9999　Ⓔ90　Ⓕ10
Ⓖ95　Ⓗ10^{-5}　Ⓘ0.1　Ⓙ0.95　Ⓚ0.95　Ⓛ0.99999

測驗 3
$$P(B\,|\,R) = (0.3 \times 0.0002) / (0.6 \times 0.001 + 0.3 \times 0.002 + 0.1 \times 0.003)$$
$$= 6/15 = 0.4$$

測驗 4
Ⓐ$\dfrac{1}{2}$　Ⓑ$\dfrac{4}{7}$　Ⓒ$\dfrac{2}{5}$　Ⓓ$\dfrac{2}{5}$　Ⓔ$\dfrac{2}{5}$　Ⓕ$\dfrac{2}{5}$　Ⓖ0.412

Ⓗ$\dfrac{3}{5}$　Ⓘ$\dfrac{3}{7}$　Ⓙ$\dfrac{3}{5}$　Ⓚ$\dfrac{2}{5}$　Ⓛ$\dfrac{4}{7}$　Ⓜ$\dfrac{2}{5}$

測驗 5
Ⓐ二項　Ⓑ20　Ⓒ14　Ⓓ14　Ⓔ20　Ⓕ14　Ⓖ6
Ⓗ均勻　Ⓘ1　Ⓙ乘積　Ⓚ14　Ⓛ6

●著者簡介

藤川浩

東京農工大學名譽教授，理學博士。專業領域為食品衛生學、公共衛生學。其著作包括《用Excel學食品微生物學》（暫譯，OHM社）、《專為生物系學生撰寫的基礎簡易統計學》（暫譯，講談社）及《實用食品安全統計學：活用R軟體與Excel做品質管理與風險評估》（暫譯，NTS）等。

裝幀、內文設計、DTP●株式會社RUHIA

大人的統計學教室
提升數據分析能力的40堂基礎課

2022年4月1日初版第一刷發行

著　　　者	藤川浩
譯　　　者	劉宸瑀、高詹燦
副 主 編	劉皓如
美術編輯	竇元玉
發 行 人	南部裕
發 行 所	台灣東販股份有限公司

　　　　　＜地址＞台北市南京東路4段130號2F-1
　　　　　＜電話＞(02)2577-8878
　　　　　＜傳真＞(02)2577-8896
　　　　　＜網址＞www.tohan.com.tw
郵撥帳號　1405049-4
法律顧問　蕭雄淋律師
總 經 銷　聯合發行股份有限公司
　　　　　＜電話＞(02)2917-8022

國家圖書館出版品預行編目資料

大人的統計學教室：提升數據分析能力的
　40堂基礎課 / 藤川浩著；劉宸瑀, 高詹燦
　譯. -- 初版. -- 臺北市：臺灣東販股份有限
　公司, 2022.04
　200面；14.8×21公分
　ISBN 978-626-329-145-4(平裝)

　1.CST: 統計學

510　　　　　　　　　　　　　111002204